教師増員論

学校超多忙化の源をさかのぼる

藤森 毅 著
Takeshi FUJIMORI

はじめに

日本の教員はいつのまにか、きわめて長く働くようになった。国の資料（二〇一六年）によれば、平均で月から金まで約一二時間働き、休憩時間は数分間、往々にして土日のどちらか、時にいずれも働いている。残業代は一円も支給されない。民間企業なら労働基準監督署がふみこみ、経営者は犯罪者として罰せられてもおかしくない。ところが学校では世間と関係ないかのように、誰も罰せられず、長時間労働が続いている。

これは正常なことではないことを、繰り返し心にとめたい。平均的な教員の働き方が心身を壊すそれである国はやはり異常だ。そして、もはや事態は学校の維持が危ぶまれるところまで来ていると感じざるをえない。二年ほど前、ある教員養成系大学の教授が私に、「今年は教え子が一人も教員にならなかった。こんなことは今までなかった」と話してくれたことがある。最後まで教職をめざしていた女子学生は、母親に「そんな仕事についたら、あなたの人生が台無しになる」と止められたそうだ。学生はブラック企業を敬遠するように、教職を敬遠し始めている。いま国では少人数学級化が始まったが、このままでは教員のなり手がいないことがネックとなりかねない。

政府はやっと「学校における働き方改革」の旗をかかげ、教員の長時間労働の是正を方針とした。喜ばしいことだが、看板倒れとなる可能性を関係者は感じている。ここまで深刻な事態に至った原因の掘り下げがなく、対策はあまり予算のかからないものに限られているからだ。

本書は、その掘り下げられなかった原因を掘り下げようとする試みの報告である。なぜここまでになったのか。明らかに原因の一連の塊があるはずで、それを誰が見ても間違いないと思える形で示したいと思った。その探究は、教員配置の計算式を定めた六〇年以上前の法律（義務標準法）の誕生にさかのぼるものともなった。私がとりあえずたどり着いた原因の在り処《ありか》と打開の提案は本書をお読みいただき、読者の批判を乞いたい。

ここで、本書にいたる作業の「導きの糸」となった教師論について述べよう。それは「教師は、労働者であるとともに、教育の専門家である」という、当たり前といわれそうな教師論だが、じつは過去に論争の歴史もあるものである（拙著『教育の新しい探究』収録「民主的教師論の今日的意義」参照）。

私は作業にあたり、教師は労働者であることに徹底的にこだわろうと考えた。それは世界の労働者のたたかいで形成された労働のルール――日本ではたとえば労働基準法、過労死ライン等々――から、日本の教員の労働実態をつぶさに見ることである。浮かび上がったのは、労働者としての諸権利を深く剝奪《はくだつ》された労働者群である。

同時に、教師が教育の専門家であることにもこだわった。日本の教員は、あれほど働いているのに授業準備や子どもと向き合う時間がとれず、教育の専門家として苦しんでいる。労働者であることと教育の専門家であることは、たしかに切り離しがたく結びついているのだ。教員の労働条件は、それが子どもたちの成長に関わる条件でもあるからこそ、国民の強い関心事にならざるを得ない。

ところで、労働者と教育の専門家という二つの規定は、あれかこれか・あるいはどちらの要素が多いかという関係にはない。すなわち、労働者性を強調すれば教育専門家性が退いたり、その逆であったりするものではない。むしろ、二つの規定をそれぞれ深く掘り下げてこそ教師のことに接近できるというのが、作業してみての実感である。そこに教師論の力がある。

今回は本の原稿を、目の前の課題のため幾度も中断させた。結果として二年近く入稿を遅らせた筆者に、新日本出版社編集部の角田真己さんは辛抱し、できた原稿には的確にアドバイスしてくれた。章ごとの扉の絵は、山口県は宇部市の元教師にして現在「お絵かき屋」の岡本正和画伯の作品からいただいた。装丁デザインは佐藤克裕さんにしていただいた。また、日本共産党国会議員団の文教関係の秘書の方々には資料探しに一方ならぬお世話になった。同僚の加茂京子さんには事前に原稿に目を通してもらった。記して各位に感謝いたします。

思えば、多くの方々から長時間労働の苦悩と教職員としての誇りについて話を伺い、言葉を交わしてきた。中断しながらも書き続けられたのは、聞き取ったことを代弁せずにいられなかったからである。本書執筆の原動力は、現場で苦闘する方々をおいてほかにはない。
心よりの感謝を申し上げ、本書を捧げます。

二〇二一年三月

藤森　毅

目次

補章2 本格的な少人数学級のために 213

補章1は「教員の変型労働時間制――各自治体で選択させない論戦を」(『議会と自治体』二〇二〇年二月号)、補章2は「少人数学級」(『前衛』二〇二一年三月号)を元に加筆・修正。

第1章　教員の長時間労働と子どもの成長

本章は教員の長時間労働の実態についてです。その異常さが、「学校における働き方改革」を政府の課題に押し上げました。[注1] 1でどれほど長く働いているかを紹介し、2でそれは子どもにとっての一大事であることを考えます。

1　データでみる日本の教員の働き方

一日約一二時間の労働、平均で過労死ライン以上に

文部科学省の教員勤務実態調査（二〇一六年）によれば、日本の教員は持ち帰り残業を含め、[注2]月曜から金曜まで一日あたり一二時間近く働き、土日も働いています（図表1－1）。管理職も長時間労働で、とくに教頭・副校長は教諭以上の深刻さです（図表1－2）。

ところで、残業時間が一ヵ月間におおむね一〇〇時間、あるいは二～六ヵ月間にわたって一ヵ月当たりおおむね八〇時間を超えると、過労死しやすくなることがわかっています。それを厚労省は過労死ラインと定めました（労働基準局長通知「脳血管疾患及び虚血性心疾患等（負傷に

図表1-1　教諭の1日の勤務時間、休憩時間

	平日			平日の休憩時間	土日		
	合計	学内勤務	持ち帰り		合計	学内勤務	持ち帰り
小学校	**11:45**	11:15	0:29	**0:06**	**2:15**	1:07	1:08
中学校	**11:52**	11:32	0:20	**0:08**	**4:33**	3:22	1:10

※小数点以下切り捨てのため、下１けたの数値が合わない場合がある
（出典）文部科学省「教員勤務実態調査」（2016 年度、確定値）

図表 1-2　管理職の１日あたりの学内勤務時間

	教頭・副校長		校長	
	平日	土・日	平日	土・日
小学校	12:12	1:09	10:37	1:29
中学校	12:06	2:06	10:37	1:59

（出典）同前（管理職については持ち帰り時間は未発表）

起因するものを除く。」の認定基準について」二〇〇一年一二月一二日）。

　長時間労働による疲労は、自然な老化と別の次元で、その人の血管を傷つけ、脳出血や心筋梗塞などの脳・心臓疾患の原因となります。過労死は欧米にはなく、世界で"Karōshi"と表記されているのは有名な話です。

　先ほどの実態調査から計算すると、日本の教員の一ヵ月当たりの平均残業時間は、小学校で八八時間四〇分、中学校で一

○八時間四〇分にのぼります。[注3]小学校教員の平均労働時間は、二～六ヵ月続くとNGという過労死ラインを超えています。中学校教員は、一ヵ月間だけでNGの過労死ラインも超えています。

総じて、日本の教員は平均して過労死ラインを超えて働いているといえます。実際、学校での過労死はあとを絶ちません。

休憩時間はわずか数分

もう一つ目を引くのが、日本の教員の休憩時間の短さです。一日の平均休憩時間は、小学校で六分、中学校で八分しかありません。

給食を数分でかきこみ、子どもの様子を横目で見ながらテストのマル付け、授業間の五分間休み、中休みも、子どもへの対応や仕事の処理。法律上休憩とされている時間も仕事をしています。「子どもが学校にいる間は休まる時はない。放課後まで一回もトイレに行けない」といった声が多くの教員から聞かれます。

休憩時間が短いと、疲労が回復せずに雪だるま式に蓄積し、心身のダメージが深まります。

労働基準法は、「使用者は、労働時間が六時間を超える場合においては少くとも四十五分、八時間を超える場合においては少くとも一時間の休憩時間を労働時間の途中に与えなければならない。」（三四条）と定めています。民間企業で違反すれば使用者は六ヵ月以下の懲役または三

図表1-3　公立学校教員の精神性疾患による休職者数

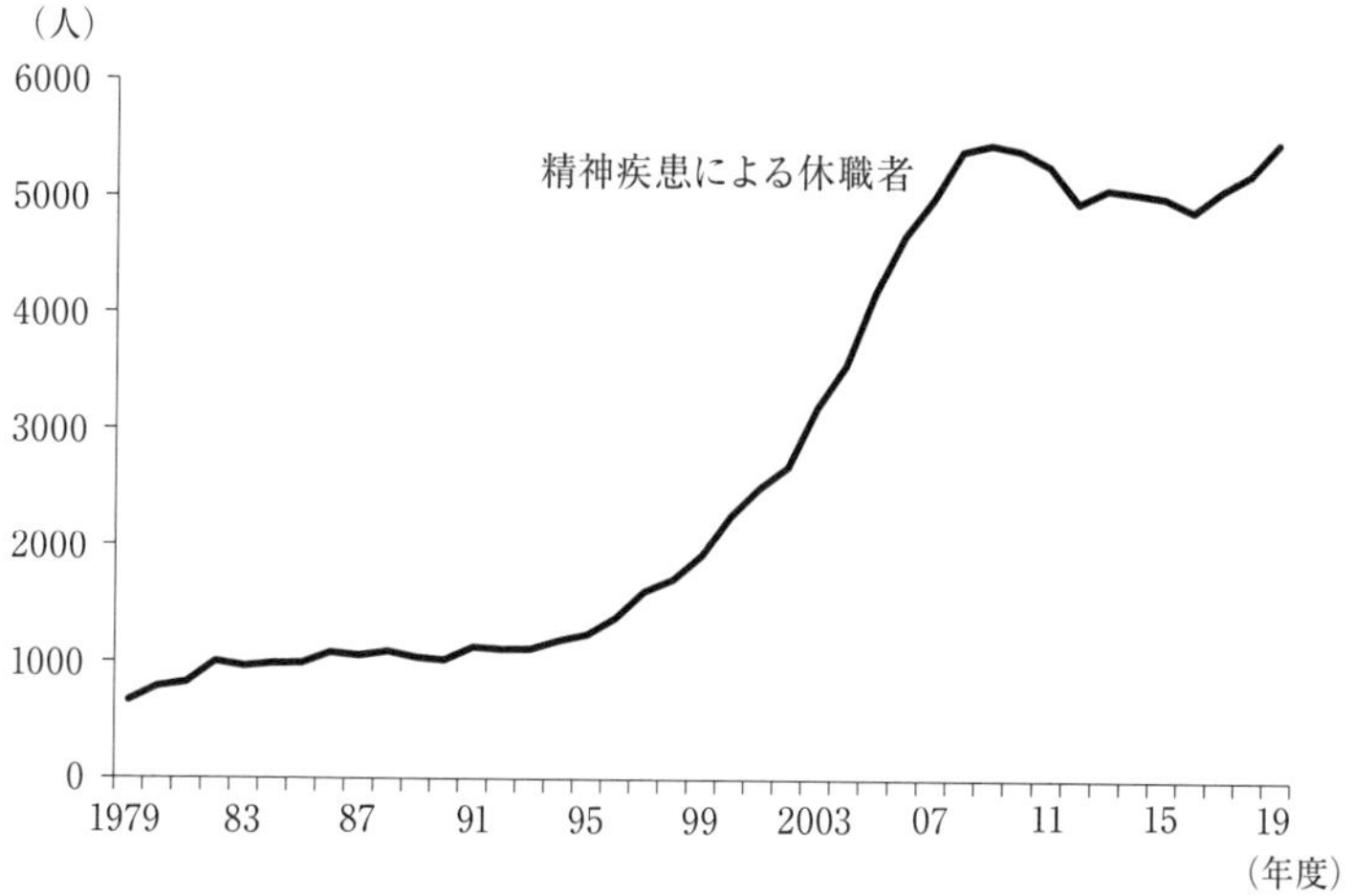

（出典）文部科学省「公立学校教職員の人事行政調査」「教育職員に係る懲戒処分等の状況について」各年度版から著者作成

〇万円以下の罰金を科されます。公立教員も労働基準法は適用されていますが、おかしなことに公務員の場合、違反しても使用者への罰則がありません。

病休者急増、負のスパイラル

ここまで過酷な労働条件にさらされれば、病気で倒れる教員も増えるに決まっています。

それを裏付けるデータが、過労と密接な関係のある精神性疾患による休職者数の推移です（図表１－３）。一九八〇年代後半に一〇〇〇人前後だったものが少しずつ増え続け、一九九〇年代後半から急増、二〇〇七年から一〇年以上五〇〇〇人前後の高止まりしたままです。職場の多忙化の進行をみごとに表していると思います。

図表1-4　中学校教員の労働時間の国際比較

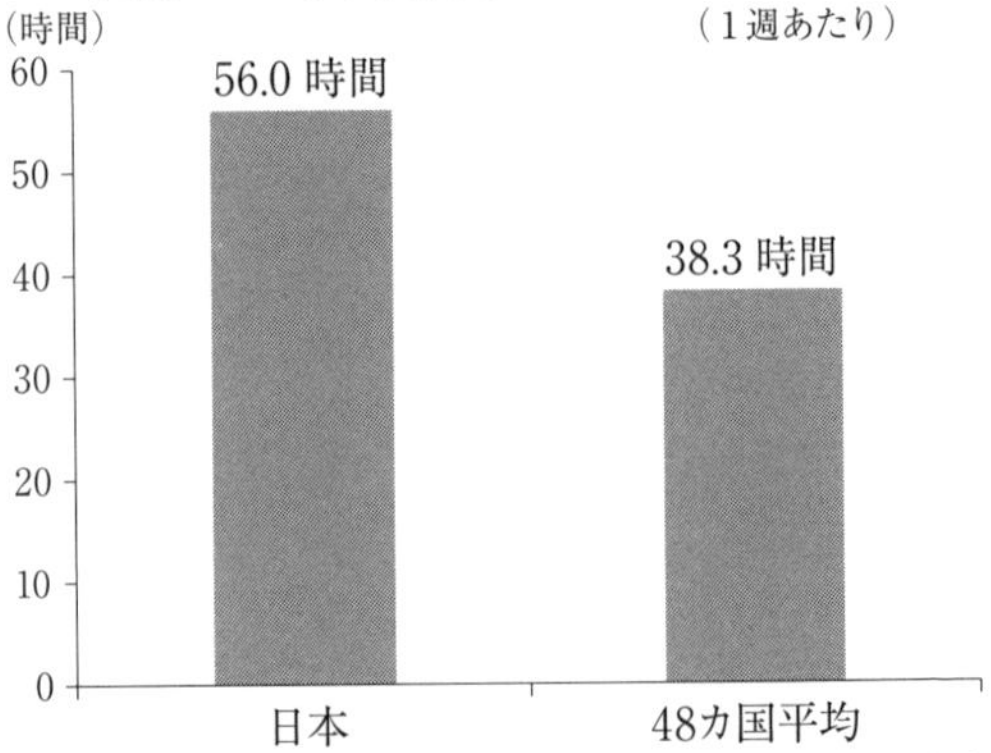

（出典）OECD 国際教員指導環境調査（TALIS）2018 報告書

今では少なくない学校でメンタルなどによる病休者を抱えています。しかも最近の教員不足のため、病気で休む先生の代わりの「病休代替教員」がなかなか補充されません。そうなると、欠員となった先生の業務を残された先生たちでカバーすることになり、その無理によって新たな病休者が出る、残った先生たちの負担がまた増える……そんな悪循環さえ起きています。

教員をこんな長時間働かせている国はない

次に他の国々と比較してみましょう。ＯＥＣＤの「国際教員指導環境調査（ＴＡＬＩＳ）」の二〇一八年報告書によれば、日本の中学校教員の労働時間は四八ヵ国・地域のなかで最長、参加国平均の約一・五倍にのぼります（図表1－4）。

この調査には、教員がどんな仕事に時間を使っているのかの内訳があります。日本は授業を行う時間がたいへん多いというわけではなく、採点・生徒指導、保護者との連絡の時間はほぼ同じです。何が日本の労働時間を押し上げているかといえば、最大のものは課外活動指導です。四八ヵ国・地域平均は週一・九時間ですが日本の中学はその約四倍の七・五時間にのぼります。

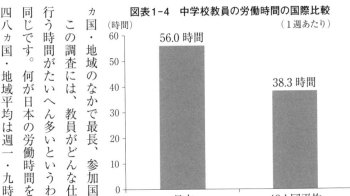

もう一つは一般的な事務作業で、四八ヵ国・地域平均は二・七時間ですが日本はその約二倍の五・六時間にのぼります。中学校教員が部活動と書類作成に追われている姿が浮かび上がります。

小学校教員は一五ヵ国・地域が参加するオプション調査でしたが、やはり日本の教員の労働時間は最長の五四・四時間でした（平均は未発表。他の国々の労働時間は三一・七〜四八・三時間の範囲）。

国際比較をもう一つ。国民教育文化総合研究所が二〇〇九年に発行した「教職員労働国際比較研究委員会報告書」という冊子があります。日本とイングランド、スコットランド、フィンランドの四ヵ国を実地調査したもので、独特の味わいがあります。なかでも驚くのは休暇の比較です（図表1－5）。連続して取得した夏季休暇（土日を含む）は何日かという設問で、日本の少なさと他国の多さはためいきがでるほどです。この背景には、ヨーロッパ各国で法制化されている労働者全体のバカンス制度があります。ゆったりした休暇は、人々に生活の楽しみ、心のゆとりと活力をもたらします。フィンランドの教員のバカンスは、他の労働者よりも長目に設定されています。教職はハードな仕事であり、自分たちの

図表1-5　連続して取得した夏季休暇（土日含む）

日本	5.7日
イングランド	29.7日
スコットランド	36.2日
フィンランド	63.2日

（出典）国民教育文化総合研究所「教職員労働国際比較研究委員会報告書」2009年2月

図表1-6　残業時間（一週間当たり）は今と昔でこんなに違う

	1966年	2016年
小学校	2時間36分 （1時間20分）	24時間30分
中学校	4時間03分 （2時間30分）	29時間41分

※1966年調査の数値は1～12月の調査から8月をのぞいた数値。その下のカッコ内の数値は、そこから勤務時間外での報酬を受けての補習、勤務時間内の社会教育団体等の学校関係団体の仕事に従事した時間等を相殺した数値（この数値の小中平均は1時間48分）。2016年は10月あるいは11月のある一週間の数値

（出典）文部省・文部科学省による各教員勤務実態調査、『教育職員の給与特別措置法解説』

子どもたちの成長がかかっている仕事だから、長めに休むことは認めようという国民の納得が支えていると思います。

昔からこうだったわけではない

データの最後に、過去の日本と比較してみましょう。

じつは全国的な教員の勤務実態調査は、今まで三回しか行われていません（二〇二一年現在。三二ページのコラム参照）。一九六六年、二〇〇六年、二〇一六年です。その一九六六年と二〇一六年を比較したのが図表1－6です。ここからわかることは、以前はそこそこの残業だったということです。二〇〇六年は二〇一六年より少しましですが、ほぼ同じです。

一九六六年の数値は二つありますが、これには訳があります。上段は当時の教員たちが記入した生数字です。カッコに入った下段は、当時の文部省が「これはいくら先生たちが勤務と記入したものでも、国としては勤務と見なせない」と考えたもの（図表1－6の注参照）を除いた数値です。

当時、正規の残業とされた下段と比べれば、現在の教員の残

業時間は小学校で一五倍、中学校で一二倍です。それほどの変化には何があったのか。なぜそうなったのか。それこそが本書のテーマといえます。

「自分の子どもを抱きしめる力もない」

データには状況を一目で「見える化」してくれる便利さがあります。同時に現実に存在しているのはデータでなく、一人ひとりの生身の人間です。たとえば一日平均約一二時間労働というデータのもとには、連日一三時間、一四時間と働いている教員もいます。その生身の教員に何が起きているかを知り、想像することこそが大切だと思います。

まず女性教諭の例をとりあげましょう。ジェンダー・ギャップ指数（二〇二〇年）世界一二一位の国・日本では、女性教員の多くが長時間労働と家事・子育ての双方を担っているからです。

その姿を伝える次の新聞記事は、中央教育審議会の「学校における働き方改革特別部会」で委員の妹尾昌俊さん（文部科学省・学校業務改善アドバイザー、当時）が紹介したものです。

「東海地方に住む三十代の元小学校教諭の女性は仕事と子育ての両立に悩み、今年三月に仕事を辞めた。

昨年度は高学年四十人のクラスを担任。日本語がたどたどしい外国籍の子もいた。大変だったのは保護者への対応。課外活動費を払わなかったり、子どもを一週間無断欠席させたりする家庭には年に十回以上も訪問。働いている保護者とは、夜遅くに話し合った。

子ども二人の母親でもある女性は、帰宅後や土・日曜日も授業準備に追われた。部活の顧問として夏休みも指導。夫も仕事が忙しく、育児はほぼすべて女性が担った。『ぐずって泣く自分の子どもを抱き締める力もないほど疲れていた』。先輩教諭に相談したが、補助の教員は付かなかった。『先生はみんな、いっぱいいっぱいだった』

退職直前の二カ月間は、県外の母親に自宅に住み込んで家事を手伝ってもらった。だが体調が悪化し、『もう限界』と辞表を出した。『子育てと両立できず、仕事を辞めた女性教諭は周りに多い』」（東京新聞二〇一五年九月二五日付）

なんともやりきれないことです。私も、子育て中の先生たちが親に住み込んでもらう話をいくつか聞きました。祖父母が家事と育児を一手に担い、若い夫婦はひたすら学校でたたかう。ある女性教員は唇をかむようにこう言いました。「学校で子どもを育てているが、自分の子育てにほとんど関われない。すごくくやしい」。

いま日本の教員は団塊の世代が退職し、二〇代、三〇代の教員が主力となりつつあります。あまりの長時間労働に、結婚をあきらめる、あるいは子どもをつくることをあきらめるという痛ましい選択をする先生もいます。

一八時間働いて睡眠三時間

つぎに、勤務時間がより長い中学校の教員です。

「しんぶん赤旗日曜版」が中学校社会科教員・大野先生の一日を朝から夜まで取材したことがあります（二〇一六年一二月二八日号）。それを再現してみましょう。

大野先生は朝七時には出勤し、授業プリントを印刷します。7：30教室準備・情報共有、8：00主任打ち合わせ、8：10全体の打ち合わせ、8：18学年打ち合わせ、8：25担任クラスの朝学習。

8：35から授業が三コマ。休み時間は廊下で生徒の見守りです。「いじめ早期発見」の名目で先生たちは休み時間は全員廊下に出るよう校長から言われ、トイレに行く時間もありません。四時間目は三〇人余の生徒の「学習生活記録」にコメントを記入。これも廊下で記入です。12：25から給食指導、給食片付け、昼掃除の監督。五時間目は授業で、その後は生徒の介助に入り六時間目の体育の時間もつきそいます。15：05終わりの学級活動、15：20補習、15：40班長会、16：00から生徒の個別指導を行います。法律で決められた四五分の休憩時間はこのあたりですが、とれません。17：00個別指導の結果を管理職に報告、17：25には部活動指導です。18：00下校指導。生徒が帰り、朝7：00から続いた勤務がやっと一息つきます。

それもつかの間18：10保護者四人に電話連絡（先程の個別指導の件でしょうか）。それを18：

50に管理職に報告。19：00からさきほどの生徒指導報告書を作成。19：30保護者から電話がかかってきて対応、20：00教育委員会へのいじめ問題報告書を作成、20：35介助日誌の確認、20：40部活動の大会参加確認票の処理、20：55出席簿の処理、21：10日直日誌にコメント記入、21：15朝学習と補習の確認、21：30翌日の学年の動きの一覧表作成、21：45避難訓練要綱の作成、22：00生活指導主任会議への報告書の作成。22：30退勤。大野先生はこの日、九つの書類作成に合計約三時間費やしました。

先生は22：45に帰宅し、0：30に就寝。

これで終わると思ったら大間違いで、3：30に起床、その日の朝学習プリントをつくり、教材研究、授業プリント作成と授業準備を行い、6：00に出勤準備、7：00に出勤します。一八時間働いて睡眠は三時間です。

同紙は「全日本教職員組合の『教職員の要求・意識アンケート』（一七年）で『身体がもたないかもしれない不安』を『感じる』と答えた人は全体で七七・八パーセント、二〇歳代でも六五・五パーセントに上ります」と記事を結んでいます。

2　最大の被害者は子どもたち

教員の長時間労働には、他の分野の労働者にはない問題があります。その長時間労働が子どもたちの教育の劣化をもたらす、という問題です。教員の長時間労働は教員とその家族の問題にとどまらない、その最大の被害者は子どもたちだという側面があります。

異常な長時間労働は子どもたちの教育にどんな影響を与えるのか。いくつかの角度から見てみましょう。

教材研究の時間がとれない

一つは授業です。保護者は何より、子どもが勉強できるようになる授業を望んでいます。ところが教員たちは様々な業務に追われ、過労死ラインで働いても授業準備の時間がとれずに悩んでいます。

北国の小学校に勤めるベテラン教員は「教材研究をしっかりやった授業は、子どもたちの食いつきが違う。できれば以前のように毎回準備したい。でも今それをやれば過労死する」と語りました。そして「自分の学校で、独自の教材研究をやっているのは自分くらいしか残っていない」とボソッと言いました。

関東の小学校に勤める若い教員は朝から夜まで学校にいて仕事に追われていますが、授業準備の時間がとれません。「だから教員用指導書で授業をするしかない。でも子どもに申し訳ないから、教員用指導書をせめて自分のノートに書き写している」とこぼします。

教員用指導書というのは、各教科書会社の発行物で一般に買えば高価なものです。そこには教科書にそった授業展開の仕方が詳細に記載されています。それ通りに話し、板書し、発問すれば授業の形はできます。しかし、指導書の想定どおりに子どもが反応することはまず考えられず、面白い授業にはなりません。

また、これだけ忙しくなると本を読む時間がなくなります。しかし人類が蓄積してきた知識を伝え、学齢期の揺れ動く人間形成を支援する教員はほんらい、幅広い知を背景にもつ知識人です。ある退職教員がこう話してくれたことがありました。「子どもの関心は宇宙、人間の歴史、お笑い、スポーツ、音楽、動物のこと……本当に多様。それを『教えて』と聞いてくるから応えたくて本をいっぱい読んだ。でも今の先生は本が読めなくなっている」。その国の教員たちが本をあまり読まなくなった時、その国の教育は通りいっぺんのものになる。その危機に私たちは直面しているといっても過言でない気がします。

「俺たちに時間をくれ。授業準備をしっかりやって、誰も落ちこぼさないようにできる。そうやって子どもや親たちを安心させたい」。真剣なまなざしで語った教員の言葉が忘れられません。教員の長時間労働は、日本の授業そのものを掘り崩し続けています。

子どもの話を親身に聞き、受け止める余裕は

お母さんたちに「どんな先生がいいですか?」と聞くと必ずといっていいほど返ってくる言葉が二つあります。一つは「いい授業をする先生」。さきほどの話です。二つ目は、「子どもの話を親身に聞いてくれる先生」。長時間労働はこの面でも深刻です。

人懐こい子どもは「先生、あのね」と何か話したくてうずうずしています。体を動かすのが好きな子どもは「先生、遊ぼ」とやってきます。困りごとを抱えた子どもは「先生、じつは」といえる機会を待っています。しかし、〝忙しいオーラ〟が出ている人には子どもも大人も話しかけづらいものです。

考えなければならないことは、この「人に話をきちんと聞いてもらう」ということは枝葉のことではないということです。むしろ、子どもの人間形成の土台そのものです。

人間はオギャーと生まれたその時から、子どもの話を親身になって聞き、受け止めようとする周りの大人たちの間で育ちます。もっとも「子どもの話」の初めは「赤ちゃんの泣き声や表情」ですが。泣けば、周りの大人は「おっぱいがほしいのかな」「おむつがぬれているんじゃないか」「どこか具合が悪いのだろうか」と心配してくれ、やがては自分の欲求をみたしてく

れます。その積み重ねの中で、他人は信頼できるし、大切にされている自分も大切な存在だという、「基本的信頼」（Ｅ・Ｈ・エリクソン）ともいわれる、人格の土台の最も大切なところが形成されていきます。

このことは学齢期でも同じです。例えば何か悪さをした時、「なぜ、〇〇ちゃんは、あんなことを友だちにしたのかな」と、先生が子どもの心の奥にあるものを想像し共感してこそ、子どもは受け止められた安心感で、自分で変わっていくことができます。あるいは同級生との葛《かっ》藤《とう》や争いに直面した時、その憎しみの感情を受け止めてくれ、言葉にしてみるよう促され、その言葉を手がかりに憎しみとつきあったり同級生との争いを整理していく――そんな経験を得られれば、学齢期にふさわしい自分や他者への信頼が深まります。

こうした自分や他人への根本的な信頼という人格の根っこを育てることは、格差が広がり社会のゆとりが減っている時代だけに社会全体で大事にしたいことです。学校も、子どもの話を親身になって聞きとり、受け止めることをたっぷり子どもたちに保障する場になってほしいのです。

しかし、その子どもの話を聞く余裕が年々先生から奪われています。話をたっぷり聞いてもらえない子どもと、忙しく走り回る先生――何かが間違っています。

子どもたちの自治活動も心配です。運動会や合唱祭などの行事は、仲間とぶつかり、話しあいながら困難を乗り越えていく、子どもたちをぐんと成長させる営みです。しかし最近、「時間がない」と、先生たちが全部お膳立てして子どもはそれをなぞって「行事成功」という学校が増えています。

子どもの人間形成には、伴走する教員の時間と心の余裕がどうしても必要なのです。

「隣の先生が何を考えているかわからない」

最近、コロナ感染症によるテレワークの拡大で、民間企業での働き方が見直されています。その一つに「雑相タイム」の確保があります。「雑相」は雑談と相談。短い時間でもZOOMなどで同僚・上司たちと雑談や個人的な相談事をするようにすると、職場の一体感が生まれ仕事も進むというものです。そういえば以前から、うまくいっている職場は、雑談と相談を上手にやっている職場です。

この雑談と相談は、かつての職員室ではたくさんありました。それが異常な長時間労働でめっきり減っています。

ある若手教員が、「職員室は疑心暗鬼になっている人が多い。他の先生に話をするのにも、心のバリアがあるような感じになっている」と切り出しました。私が講師をつとめた学習会でのことです。何を言うのかなぁと思って聞いていると、「原因は、他愛のないフツーの会話がないことにあるのでは」と言うのです。

いつも勤務がいっぱいいっぱいで時間に追われている。職員室ではパソコンに向かって作業。

顔と顔をつき合わせる時は、必要な事項の打ち合わせだけ。自分たちの教育がどうだったのか振り返りあう時間もない。これではいい学校にならないのではないか、と彼は言いました。

　昨日何を料理したとか、今こんなことにはまっているとか、あそこのお店がおいしかったとか、「フッーの会話」は職場の潤滑油です。それがなくなっていくと、お隣が何を考えているかわからなくなっていきます。そして、教員がバラバラになっていくことは、教育がバラバラになっていくことです。学校には、心の通い合うチームワークが必要です。

　またある時、高齢の元中学教員がしみじみと「先生は仲良くないといけない」と言ったことがあります。例えば休憩時間にお茶を飲んで話し合う。「おたくの三組の生徒おかしくないか?」「いやー、そうかな……」「じつは自分の理科の時間にこんなことがあったんだ」。そんな会話から、その子についての理解が深まっていくと。先生同士が仲良くなければ、こんなふうにフランクに子どものことを話せません。

　考えも趣味嗜好《しこう》も違うけれど、同じ教え子たちのために力をあわせる、そんな思いからのチームワークの良さ。それこそが子どもを支える原動力です。

　以前なら、放課後や休憩タイムにコーヒーを飲みながら子どものことを話し込んでいた姿が職員室にありました。ところが今、同じ職員室で先生たちは背中を向け合いパソコンのキーボードを叩き続けています。

深刻ないじめのケースワークに立ち向かえるか

教員の長時間労働は、いじめ対策にとっても深刻な問題です。

ある中堅の中学教員は率直にこう語ります。休み時間に廊下を歩くと、生徒の小さな変化に気づくことがある。例えば、「このじゃれあい、今までとちょっと空気が違う。もしかして……」と。でも、一応「何やってるの？」と声をかけ「遊びだよ」と言われ「そうなんだ」と自分を納得させるしかない。時間がないから。

先生は「遊びだよ」が、いじめのカムフラージュによく使われる言葉でもあることを知っています。しかし、つっこんでいく時間が連日深夜まで働く自分にないことも骨身にしみてわかっています。

今日のいじめ対策の一つの原点となっている、滋賀県大津市立中学校でのいじめ自殺事件。その第三者委員会報告書（二〇一三年一月三一日）は、「いじめを認識し、それを回避することができなかったことについての問題点」の一つに「教員の多忙化」をあげ、次のように述べました。

「本件中学では、一部で学級崩壊の傾向の状態を呈しており（現象はさらに悪化している模様である。）、教員はそうした状態にストレスを感じていたと推測され、また、教員たちの多くは、業務に追われほぼ毎日深夜まで残業していた。こうした中で子どもたちのために費やされる時間とこころの余裕が失われていったことは必然である。いじめに対し正面から取り組むことは、教員単独ではかなりのエネルギーを費やすはずであり、ストレス過多、多忙化の渦中にある人間である教員は、無意識のうちに問題を小さく見積もろうとする心理になることも推察される。他に助力を求めるとしても、教員としての自尊心とともに同僚の教員の多忙を思うとそれにも躊躇するという心理も理解できないではない」。

報告書は、「教員は多忙化に溺《おぼ》れることなく、その職務上優先すべき子どもの心と安全の確保に積極的に取り組む姿勢がほしい」とも指摘します。

同時に「教員はスーパーマンではなく、理想的な教員像は単なる虚構にすぎない。ただ大部分の教員は子どもが好きで子どもに向き合いたいと願っているはずである。疲弊し苦悩するありのままの教員を前提に、彼らの負担を軽減して子どもと向き合えるようにするための改革を優先的に進めるべきである」とまとめました。

目の前の深刻ないじめに対応しない校長・教員が絶えないことに深い悲しみを感じます。同時に、多くの時間と労力が求められるいじめ対応は、教員の長時間労働を放置したままでは、困難であることも事実です。それでも懸命に対応する教職員に本当に頭が下がります。

＊

わが子を、授業準備がほとんどできない先生に教えてほしいですか。〝忙しいオーラ〟がでていて子どもの話をじっくり聞く余裕のない先生に担任になってほしいですか。先生同士が疑心暗鬼になっている学校に入れたいですか。いじめ対応に割く時間が先生たちにない学校がいいですか。これらの問いに「それでいい」と言える人はいないと思います。教員の異常な長時間労働の解決は、子どもの成長のかかった、国民全体の課題です。

注1　「教員の厳しい勤務実態を踏まえ、適正な勤務時間管理の実施や業務の効率化・精選を進めるとともに、学校の指導・事務体制の効果的な強化・充実や勤務状況を踏まえた処遇の見直しの検討を通じ、長時間勤務の状況を早急に是正する」(「経済財政運営と改革の基本方針二〇一七～人材への投資を通じた生産性向上～」(骨太方針)、二〇一七年六月九日閣議決定)

注2　文科省は持ち帰り残業を含まない数値を常用し、メディアもそうしている。ところが持ち帰り残業を含めれば表のとおり労働時間は一日一二時間近くなり、含まなければ小学校で一一時間、中学校で一一時間三〇分となる。持ち帰り残業は、過労死裁判でも考慮される立派な労働にほかならない。そこには、わが子のお迎えに行くためあわてて帰り、わが子が寝静まった深夜から仕事をするといった、必死に働く教員の姿が刻まれている。何時間働いているかを見るには持ち帰り残業はカウントされて当たり前と思う。

注3　計算は次の通り。一週当たりの学内勤務時間に持ち帰り残業を加え、一週当たりの労働時間とする。そこから法定労働時間を引けば残業時間となるが、公立教員の法定労働時間は週三八時間四五分（一日七時間四五分労働）であり、過労死基準は労働基準法の週四〇時間労働を超えた分を残業時間としているので、ここではそれに合わせ、四〇時間を引いた。また、厚労省は一ヵ月のうち二〇日働くことを想定しているので、一ヵ月四週間として計算した（週五日勤務×四＝二〇）。土日に働いた分はそのまま残業時間とした。

コラム　教員の勤務実態調査が五〇年間で三回しかなかった理由

第一回の教員勤務実態調査は一九六六年。残業代の不支給を定める教員給与特別措置法（「給特法」）をつくるための調査でした（第4章参照）。

第二回は、それから四〇年後の二〇〇六年。四〇年間も行われなかったのは、「そんな調査は国の仕事ではない」という国の態度によります。その態度を改めさせたのは教員たちの声でした。

一九九〇年あたりから教員の多忙化が進み、過労死も起きます。教員の労働組合は重大問題としてたたかい、野党も国会で取り上げ続けます。しかし国は〝一部の教員に仕事が集中している問題〟と教員全体の多忙化を認めません。それなら多忙化が嘘か本当かをはっきりさせるため全国調査を行えと迫ると、〝教員は地方公務員だから、その労働管理は自治体の業務〟と言い逃れる始末でした。

国の姿勢を最終的に変えさせたのは、皮肉なことですが、教育基本法「改正」にむけ各地で開催された国のタウンミーティングでした。各会場で半ば動員された教員たちから「長時間労働を何とかしてほしい」という要望が相次いだのです。国はその後の日本共産党の石井郁子衆議院議員（当時）への答弁で、全国調査を表明しました。調査の結果、たいへんな長時間労働が判明。以後国は、多忙化を「由々しき問題」と認めるようになります。

多忙化を認めた国は全国の教育委員会に業務改善の号令をかけ数年の努力を続けます。そして、満を持して行った調査が二〇一六年の第三回調査です。ところが結果はさらに悪化。このショックが今日の「働き方改革」につながります。第四回の全国実態調査は二〇二二年の予定です。

第2章　二割も少ない教員定数の構造

――「義務標準法」の研究

1　業務量と労働者（教員）数

全国平均で月曜から金曜まで連日一二時間働き、土日も少なからず出勤する——第1章でみた学校現場は、事業所としてみれば業務があふれかえっている状態といえます。

業務があふれかえっているということは、業務量と労働者数（今の場合、教員数）とがアンバランスだということです。今いる教員では到底こなせない業務量が課せられている。あるいは、業務量にくらべ配置されている教員が少なすぎる。そういうことです。

なお、効率的に働かない教員がいるという要素は捨象されます。教員には効率的に働く者もそうでない者もいます（効率的に働く人が教育者として優れているとは限りませんが）。しかしそれらは、大量の教員の社会的平均的な労働効率のなかに相殺されるものです。

さて、業務量と労働者数のどちらを先に決めるかといえば、業務量です。どんな企業でも、まず雇用すべき労働者の数を決め、そこから行うべき業務量を考えるということはありません。先に決めるのは業務量で、そこから必要な労働者数を割り出します。例えば、自動車部品工場を立ち上げようと思えば、年間の生産量を計画し、それに必要な労働者数を欠勤率、病休率なども考えながら雇い入れるでしょう。

では、学校での業務量と教員数との関係はどうなっているでしょうか。当然、気になるところです。その疑問を文部科学省関係者にぶつけたことがあります。「日本の公立学校で行っている業務量は、基本的に今の教員数でこなすことのできる量だという数量的な根拠はあるのでしょうか」と。返ってきた答えは「よくわかりません」でした。

2　一九五八年の「教員は一日四コマの授業」の原則

公立学校の教職員定数は法律で決まっている

しかし、この問題は「よくわかりません」では本当は済まない話です。現在、公立の小中学校の教員は約六〇万人余（小中学校）ですが、その人数は基本的に国の法律で決められ、多大な予算を投入しているものです。その人数にどんな根拠があるのか「よくわからない」というのは、やはり民主主義の国としてずさんといわなければなりません。

ところで、公立学校の教職員は地方公務員です。その数は県立高校ならその県の教職員定数として、市町村立小学校ならその市町村の教職員定数として、それぞれの自治体の条例で定められています。ただし、その教職員定数は何人であるべきかが国の法律で決められているのです。それを標準定数といい、義務教育の場合、その分の人件費の三分の一は国が負担します。各自治体は標準定数を下回る定数にすることは許されていませんが、標準定数を上回る定数とすることは許されています。ただし、その場合は上回った分の人件費は全額地方が自前で賄わなければなりません。こうした事情のため、実際の定数が標準定数から大きくずれることはありません。

公立の義務教育部分の教職員定数を決めているのは、通称「義務標準法」という法律です。正式名称は「公立義務教育諸学校の学級編制及び教職員定数の標準に関する法律」です。公立の高校と特別支援学校高等部の教員定数を決めているのは「高校標準法」、正式名称は「公立高等学校の適正配置及び教職員定数の標準等に関する法律」という法律です。

六〇年前の論文

これら二つの法律とも、学級数に応じて教員の定数を算出するのが基本です。むろん基本ですからその他の要素もあります。全体として煩雑《はんざつ》なもので、詳しくはコラム（六七ページ）を参照ください。

困ったことは、法律には定数と業務量との関係が全く書かれていないことです。しかし、どう考えても業務量との関係が何もないとは思われません。その痕跡がどこかにないものかと調べたのが、法律の誕生した当時の記録でした。ものごとはその出発点にすべてが潜んでいるものです。しかし制定時の国会の議事録では見つけることができません。次は法律の条文をつくった役人たちが残した記録類です。

そしてついに、役人の残した論文を見つけることができました。

論文名は「新しい法律と学校経営」。『学校経営』という、教育委員会や公立学校関係者を対象とした雑誌（現在廃刊）の一九五八年六月号から八月号にわたって連載されていました。「新しい法律」とは、もちろん「義務標準法」のことです。同論文を著者が見つけた二〇一八年からみて、六〇年前の論文ということになります。

筆者は佐藤三樹太郎、当時の文部省の初等中等教育局財務課長補佐です。財務課は教職員定数を司る部署で、課長補佐の佐藤三樹太郎はその道のエキスパートとして、法律準備の実質を担ったと考えて間違いないでしょう。

「義務標準法」の国会通過は一九五八年四月二三日、法律公布は五月一日です。法律を準備した官僚が、出来たばかりのその法律を解説する、まさにどんぴしゃの資料です。実際、経年により判読しにくい論文を読んでいくと、「やった！」と声を出さずにいられないものでした。以下、その要旨を述べます。

教科の授業の量から教員定数を割り出す

結論的にいえば、当時の文部省が教員定数（教員のみに着目するので教職員定数でなく教員定数）を導き出した土台は、教科の授業という業務量でした。

その道筋を、佐藤三樹太郎の論文をベースに、今日の読者の便宜となる説明も加えながら、小学校について再現します（前記の論文『学校経営』一九五八年七月号、「　」内は引用）。

「小学校における教職員数を何から割出したかという問題があろう。これにはいろいろな要素があり、したがってこれを計数として表すには多様な角度があるのであるが、終局のところこの場合は教科の指導時数と、一教員あたりの標準指導時数との関係をおさえることとしたものである」。

この文章に、教員定数を導き出す考え方の根本が語られています。すなわち、結局は「教科の指導時数と、一教員あたりの標準指導時数との関係」だと。

では、「教科の指導時数」とは何か。

「教科」とは、当時の小学校でいえば、国語、算数、理科、社会、体育（保健体育）、音楽、図画です。時間割を思い出される方もいらっしゃるでしょう。いずれも教科書があり成績がつけられます。なお時間割にあっても教科でないものもあります。当時でいえば、道徳と学級活動の時間で、教科書もなく成績もつけられませんでした。なお、現在の時間割は少し複雑になっています。これまでの教科に生活科（小一～二）、外国語（小五～六）が加わり、総合的学習の時間（小三～六）、外国語活動（小三～四）という、教科ではないが教科に近い授業が生まれ、さらに道徳が数値評価こそしないものの、教科書のある「特別の教科」に変わりました。

「指導時数」とは、授業を行う時間数です。授業の一時数（言いやすいので一時間とも言う）は小学校では四五分、中学校では五〇分に相当します。「時数」というのは関係者の用語で一般にはなじみがなく、さりとて「時間」というと「一日二四時間」という時の「時間」と混同します。そのため、この本では授業の「時数」を基本的に「コマ」「コマ数」と表すようにします。ただし、話の流れで「時数」の方がしっくりする時は「時数」を使います。

さて、注目すべきは、教員の数ある業務の中で「教科の指導時数」を取り出して基礎にすえたことです。教員の業務は、朝の登校指導、何かあった時の生徒指導、授業準備、成績付け、学級通信、保護者との面談、学校を離れての研修、部活動などなど本当に多岐にわたります。ただし、それらの仕事にどれくらいの時間を割くかに決まりはなくケースバイケースです。その地方・学校ならではの業務もあります。

これに対し、授業はどの教員も必ず行い、勤務時間に占める比重も小さくありません。しかも、国の学習指導要領でおおよその量が規定されていて、全国どこに行ってもほぼ同じ量の授業が行われています。要するに、教員の普遍的な業務量としてもっともおさえやすいのが授業といえます。

学習指導要領を見ると、総則のさいごに標準的な授業時数の表が掲げられています。例えば小学一年生の年間の標準授業時数は、国語三〇六コマ、算数一三六コマ、体育一〇二コマ、あとは略するとして全部合わせて八五〇コマです。一年生の学級は、どこでも年八五〇コマを目安に授業を行うことになります。他の学年も同様です。そのため、ある学校で行うべき教科の授業全体の標準的なコマ数は、学年ごとのクラス数がわかれば計算することができます。

ただ当時の学習指導要領は、今日のように国語は年間何コマと一律に決めず、何コマから何コマまでの間という幅をもたせた決め方でした。そこで文部省は全国調査にもとづいて、「教科の指導時数」がどれくらいなのかを確定しました。

学校規模ごとに必要な教員数を計算してみる

「教科の指導時数」が確定されれば、あとは、「一教員あたりの標準教科指導時数」（教員一人あたりどれくらいのコマ数の授業をこなすか）を決めれば、必要な教員数が導き出されます。

数式で表せば、〈教科の指導時数÷一教員あたりの標準教科指導時数＝必要な教員数〉です。

国は、「一教員あたりの標準教科指導時数」を「一週間に二四時限」と決めました。学校の

図表2-1　学級数と必要な教員数の関係（小学校）

学級数	教科総時数	教科総時数の1/24	必要な教員数
6学級	156コマ	6あまり12	7
12学級	312コマ	13	13
18学級	468コマ	19あまり12	20
24学級	624コマ	26	26
30学級	780コマ	32あまり12	33
36学級	936コマ	39	39

（出典）佐藤三樹太郎氏の論文の表をもとに作成

時間割は週単位なので、週単位での計算がわかりやすいわけです。この本の言い方では「週二四コマ」です。

それでは、「教科の指導時数」と「一教員あたりの標準教科指導時数」にもとづいて、必要な教員数を計算してみましょう。論文は学校規模に応じて計算してみせます。ここでは小学校の計算を紹介します。

図表2－1はその概要です。表の最初にある「6学級」というのは、小学校一年から六年まで各学年一学級ずつ計六学級ある小学校の意味です。当時、その「6学級」校で一週間に行う教科の授業ははじめて一五六コマでした。この一五六コマを、一人で週二四コマ行う教員でこなすとすれば、何人の教員が必要でしょうか？

答えを求める式は、一五六÷二四で、解は六余り一二。六人の教員では足ないので、一人加えて七人の教員にすれば大丈夫です。よって必要な教員は七人となります。

次の「一二学級」校で一週間に行われる教科コマ数は、「六学級」校の倍ですから三一二コマです。それを二四で割ると一三でちょうど割り切れます。つまり一三人の教員で足ります。以下は繰り返しませんが表のとおりです。

義務標準法は、こうした計算結果をみたす（下回ることはない）教員数となるように条文を調整してつくられました。条文上の計算は、週あたりの「教科指導時数」を二四で割るという形ではなく、「教科指導時数」と比例関係にある学級数から教員定数を導く形をとりました。さきほどの「六学級」校と「一二学級」校のように、行うべき教科のコマ数は学級数に比例します。なぜ条文で学級数を基礎に計算するようにしたかは論文に書かれていません。しかし、地域により多少の変動のある授業時数より、子どもの数が決まれば厳格に決まる学級数を基礎にしたほうが実務に適していることは明らかです。

法律で用いられた教員定数を導く式は、学級数にある数を掛けるというものです。学校の規模によりその数は小刻みにかわっていきます。そのかける数のことを「乗ずる数」と言います。たいへん大事な数なのですが、条文の難解さから理解されることの少ないのが残念な数です。×（掛ける）は初めの設計の÷（割る）とは逆のようですが、例えば×〇・五は、÷二と同じであるように、計算上は同一です。

教員定数を導き出す基本設計は、《教科コマ総数から教員定数へ》でした。それを法律に落とし込む際に、《学級総数から教員定数へ》に変形させたわけです。

制度の礎石、「一日四コマ」の原則

では、一教員あたり週二四コマという、その二四という数字の根拠は何だったのでしょうか。

論文はこう説明します。

「(一週) 二四時限の根拠であるが、一つは前述したように一日の勤務時間の半分を教科の指導に充てるということで、もう一つは能《あた》う限り現状の負担過重を軽減するという趣旨である」。

後半の「現状の負担過重を軽減する」というのは、できた法律で教員定数を計算すれば現状より教員数が増えるようにしようという姿勢です。これはこれでいいことです。

「週二四コマ」の根拠として重要なのは、前半の「一日の勤務時間の半分を教科の指導に充てる」という点です。この趣旨について論文は次のように述べています。

「これは一日の勤務時間八時間のうち、四時間(休憩時間を含み)を正規の教科にあて、残りの四時間を教科外指導のほか、指導の他の準備整理、その他校務一般に充当するという考え方である」。

当時の教員の一日の労働時間八時間のうち、四時間は四コマの教科の授業と休憩時間にあて、残りの四時間で、①「教科外指導」（週一回ずつの道徳と学級活動、日常的な生活指導など）②「指導の他の準備整理」（授業準備、プリント作成、成績付けなど）③「その他校務一般」（PTA活動、研修、調査回答など）に使うということです。当時は週六日労働でしたから、「一日四コマ」だと「週二四コマ」となります。

要するに、労働基準法に定められた一日八時間労働の枠内で仕事が終わるように制度設計をしたわけです。これは当たり前のことですが、この当たり前がいまの政府には欠けています。

こうして教員定数算定の基本が明らかとなりました。
▽算定の根本を「教科の指導時数」と「一教員あたりの標準教科指導時数」との関係におく。▽一教員あたりの時数を「週二四コマ」とする。▽その「週二四コマ」は、一日八時間労働から教員の教科指導を「一日四コマ」としたことに基づく。さいごに出てきた「一日四コマ」の原則こそ、教員定数の礎石中の礎石というべきものです。
なお論文には、こうした制度設計にあたり、当時のアメリカ、イギリス、フランス、スイス、西ドイツ、ソ連などの教員一人あたりの授業負担の調査を行ったことも記されています。

細部の難点はあるが

佐藤三樹太郎氏の論文の細部には、はっきりしない点もあります。

例えば、一日八時間労働のうち「四時間（休憩時間を含み）を正規の教科にあて」と言う時の、「休憩時間」とは何かです。小学校の授業は一コマ四五分なので四コマだと一八〇分＝三時間です。すると休憩時間は四時間マイナス三時間イコール一時間。しかし、法律上の休憩時間（八時間労働なら四五分）は勤務時間外にとるので、それを指すとは考えにくい。ただ当時の公務員には休憩時間と別に有給の休息時間が三〇分あったので、それは含まれるかもしれません。さらに、授業と授業の間の短い休み時間はまとまった仕事ができるわけでもないので、それもありえます。これらをふまえて、「休憩時間」はおよそ一時間としたと思います。この問題は、その後の佐藤氏の著作（『学級規模と教職員定数』一九六五年、第一法規）をふくめ言及はありません。

土曜日についての叙述も厳密さという点で難があります。当時の公務員は週四四時間労働で、月曜日から金曜日までは八時間労働ですが、土曜日は四時間労働で昼で終わりです。月から金までは論文のとおり四時間は教科と休憩、残り四時間はその他の勤務でいきますが、土曜日が困ります。「週二四コマ」なので土曜日も四コマの教科の授業を行う設計ですが、そうすると土曜日の労働時間が四時間しかないこととの整合性がとれません。

さらに、これは論文も指摘していることですが、法律上の教員定数には、教頭や教務主任というほとんど授業をもたない教員が含まれています。実際の教科指導の負担はその分だけ、「週二四コマ」より多くなります。佐藤氏はこの不十分点は今後の定数改善で解消する旨を述べています。

こうしたことを考えながら思うことは、佐藤氏は、制度は細部をつめていけばはっきりしない、粗い部分があることを百も承知だったろうということです。多少の矛盾には目をつぶり、もともと厳格には定めにくい教員定数算出という難題をわかりやすく捌《さば》いていく。これが、「一日四コマ」を礎石とする「義務標準法」の制度設計だったのではないでしょうか。制度設計のある意味での粗さは、逆に作業の骨太さとその意義を物語っているように思えます。

中学校の場合

さて、ここで簡単ではありますが、佐藤氏が論文で解説した、中学校と盲聾学校（当時）の義務教育部分の教員定数算定の考え方を紹介します（引用は『学校経営』一九五八年八月号）。

いずれも授業時数から教員定数を導き出すという基本は、小学校と同じです。ただし中学校は、小学校のように一人の教員が全教科をこなすのではなく、国語の授業は国語の教員という教科担任制です。そこで教科ごとに教員数を算出する設計となっています。各教科の一週間のコマ数を出し、そのコマ数を小学校と同様に二四で割ることで教科ごとの必要な教員数を導くというものです。

当時、中学校側は、小学校と同じ週二四コマの負担は多すぎると主張していたようです。佐藤氏はこの主張に配慮が必要と思うと述べながら、中学教員の個々の授業負担をみると、多すぎる人もいれば少ない人もいるといった具合で幅が相当あると指摘し、その「衡平化が当面の課題」とし、二四コマを減らすことは今後の課題としました。中学校教員は部活動や進路指導の負担がある分、小学校より少ない授業負担とすることは妥当なことです。

盲聾学校の場合

法律がつくられた時は、障害児全員就学（養護学校義務化）の前で、知的障害や肢体不自由のある子どものための養護学校がきちんとは整備されていませんでした。当時、きちんと制度化されていたのは盲聾学校だけです。

そのため「義務標準法」で定数が定められたのも盲聾学校だけでした。その考え方は「小学校や中学校の場合の考え方をそのまま踏襲したもの」です。

その後の一九七七年、養護学校が義務化され、障害の重い子どもが学校に入学するようになります。そこでの教員定数の課題は、重度重複の障害の子どものための重複障害学級の学級定員を少なくすることで学級数を増やし、それによって教員定数を増やすことでした。現在の単障害学級は子ども六人で一学級ですが、重複障害学級は子ども三人で一学級です。ところが二〇〇〇年代から、重複障害の子どもを重複障害扱いせず、重複障害学級数を過少申告させ、教員定数を少なくするという問題がうまれています（藤森「特別支援学校の危機（下）」、『前衛』二〇一九年八月号）。

以上、佐藤三樹太郎論文の要点を紹介しました。ただ教員定数の導き方は複雑なもので、同論文の全体の論の運びや細部の事柄を含め知ってこそ深く理解できるものです。そのため、小学校と中学校についての該当部分に限って、本章の最後（七七ページ〜）に引用しましたので、お読み下さい。

3 「一日四コマ」の原則の崩壊

一九五八年につくられた「義務標準法」。その核心は、一日八時間労働制から教員の授業負担を「一日四コマの教科の授業」（以下「一日四コマ」）とし、そこから教員定数を定めたことです。この「一日四コマ」の原則こそが制度の礎石でした。

ところが現在の小学校教員の実態は「一日四コマ」には程遠く、「一日六コマ」の授業をこなす場合も少なくありません。

国の教員勤務実態調査（二〇一六年）によれば、小学校教員の一日の授業時間は、四時間二五分。小学校は一コマ四五分なので約五・九コマにあたります。つまり、ほぼ連日「一日六コマ」の授業です。ただし、調査方法には、授業時間が少し多めに現れる可能性があります[注1]。それでも各地で話を聞くと、「一日六コマ」の日がある小学校教員は多く、ほぼ毎日六コマの授業という教員もいます。なぜそのようなことになったのか。この節では「一日四コマ」の原則の崩壊プロセスを検証します。

法律自体にある崩壊の要素

崩壊プロセスを検証する前に見ておきたいことがあります。それは、法律自体に原則を崩壊させかねない可能性が宿っていることです。

「義務標準法」が《教科総コマ数から教員定数へ》という原則を条文に落とし込んだとき、《学級総数から教員定数へ》に変形させたことは、すでに見てきたとおりです。ここで考えなければならないことは、こうやって法律の条文としていったん《学級数から教員定数へ》に固定すると、もともとの《教科総コマ数から教員定数へ》という関係が隠されるのみならず、その関係そのものが消失する可能性をはらむことです。

このことをわかりやすく示しましょう。仮に小学校で教科のコマ数が半減したとしましょう。二四学級校の場合、教科授業は週あたり六二四コマから三一二コマになります（図表2－1参照、四三ページ）。法律は学級数に応じて教員定数を定めるので、すでに計算したとおり教員定

図表 2-2　学習指導要領上の教科時数の推移

（小学校 6 学級校の週あたりコマ総数、1958 年当時から 2002 年まで）

（1958年当時）	（156）
1961～70年	161
1971～79年	161
1980～91年	151
1992～2001年	151

※1958 年当時の数値は 1957 年の全国調査平均値（作成は著者）

数は変わらず二六人です。そうすると教員の週あたりの教科負担は、三一二÷二六＝一二コマ、すなわち一日あたり二コマですんでしまいます。

このように法律は学級数だけに反応し、教科のコマ数の変動には反応しないようになっているのです。その「反応の欠如」をただすには、教科のコマ数が変動したら、学級総数から教員定数を算出する係数（「乗ずる数」）を修正し、「一日四コマ」を維持するようなメカニズムが必要です。ところが、そうした修正のメカニズムは法律に組み込まれませんでした。

ただし、法制定から四〇年間ほどは、いま想定したようなことはおきませんでした。教科のコマ数はあまり変化しなかったのです。ほぼ一〇年に一度のペースで改訂される学習指導要領における教科の標準授業時数（コマ数）の変動は図表２－２のとおりです。ちなみに一九六一年から若干増えたのはスプートニク・ショック（一九五七年に旧ソ連が人類初の人工衛星を打ち上げアメリカやその同盟国が危機感を持ったできごと）で理数系の授業内容を増やすなどしたためです。しかしそれはスピード授業をうみ、授業についていけない子どもが増え、その反省から約二〇年後にコマ数が減らされます。

「一日四コマ」の原則の崩壊①――学校週五日制の実施での不作為

原則の崩壊は意外なところから始まりました。学校週五日制の実施です。

一九九二年から日本の学校は段階的に週五日に移行しました。日本社会の週六日労働から週五日労働への移行の一環です。

当時、日本の貿易黒字が増え続け、欧米諸国との貿易摩擦が外交問題になっていました。アメリカなどが、日本企業の強い輸出力（商品の低価格）の原因は日本の長時間労働にあるとして、労働時間の削減を要求。それに応える形で、週休二日制の導入が始まったのです。「週四八時間労働」だった労働基準法は、まず「週四〇時間労働」への努力規定が加わり（一九八七年改正）、やがて「週四〇時間労働」となります（一九九三年改正、実施は一九九四年）。労働時間の短縮は働く者の人生を豊かにしますから、週五日制への移行は、どんな形で進んだとしても意義のあることでした。

一九九二年、国家公務員、地方公務員ともに週休二日制となります。ただし、公立学校の教職員は学校のことを考え段階的な移行となりました。一九九二年九月から月一回土曜休みとし、一九九五年四月から月二回となり、二〇〇二年四月から完全学校週五日制となりました。一九九四年四月以降に生まれた若者は学校週五日制しか知らない世代です。

図表 2-3A　学校週 6 日の労働モデル

8 時間労働

月	□	□	□	□	教科指導以外の労働
火	□	□	□	□	教科指導以外の労働
水	□	□	□	□	教科指導以外の労働
木	□	□	□	□	教科指導以外の労働
金	□	□	□	□	教科指導以外の労働
土	□	□	□	□	教科指導以外の労働
日	休　日				

※□は教科の授業

図表 2-3B　学校週 5 日の労働モデル

8 時間労働

月	□	□	□	□	教科指導以外の労働
火	□	□	□	□	教科指導以外の労働
水	□	□	□	□	教科指導以外の労働
木	□	□	□	□	教科指導以外の労働
金	□	□	□	□	教科指導以外の労働
土	休　日				
日	休　日				

※□は教科の授業

週労働日の変化による意外な変化

さて、ここからが問題です。

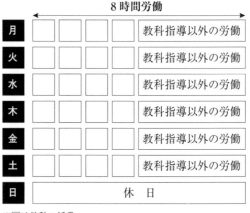

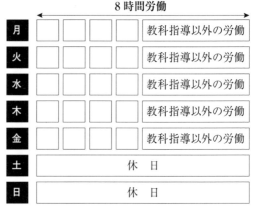

教員の側から学校週五日制への移行を見ると意外な変化が見えてきます。

移行前の学校週六日制の時の教員の労働は図表2－3Aがモデルでした。八時間労働の半分は四コマの教科指導＋休憩時間、残りの四時間でその他の仕事をこなします。すでにみた通り土曜日が難点ですが、ここでは他の曜日と同じとします。また図では一日の前半が教科の授業となっていますが便宜的に固めて示しているものです。子どもは六時間授業の日もありますが、そういう日は二コマを他の教員が授業をして、教員一人ひとりでは「一日四コマ」となります。学校週五日制のモデルは図表2－3Bのとおりです。教員は休日が週二日となり、労働日が週五日になりました。教員が一週間に行う教科のコマ数は、「一日四コマ」の原則から、四×五＝二〇コマです。

こうした変化に対応するためには、「義務標準法」を改定して係数（「乗ずる数」）を調整する必要がありました。

思い起こしましょう。もともと教員定数は次のような割り算の式によって算出されるべきものでした（教科はSubject　定数はConstant）。

S（一週間の教科総コマ数）÷二四＝C（教員定数）

学校週五日制は、この式の割られる数も割る数も二つとも変化させます。

――割られる数であるS（一週間の教科総コマ数）は、学校週五日制にともない減ります。小学校「六学級」校でいえば、教科総コマ数は法律制定時の一五六コマから一四二コマへと約九・一パーセントの減少です（正確には九・一〇〇…パーセント。計算簡略化のため端数切り捨て）。S'＝〇・九一Sです。この教科の減少は、教員を減らす方向にはたらく要素といえます。行うべきコマ数の減った分だけ、教員定数も減るべきものだからです。

――割る数である「二四」（教員の週あたり指導教科コマ数）は、先程述べたとおり「二〇」としなければなりません。この週あたりコマ数の変化は、教員を増やす方向にはたらく要素です。今まで一人二四コマで担っていたものを、一人二〇コマで担うのですから、もし担うべき教科コマ総数が同じであれば、教員を二割増やすことになります。

この二つの変化を加味して新たな教員定数C'を求めれば、九・二パーセント増となります。式は以下のとおりです。

C'＝ S' ÷ 二〇

＝ 〇・九一S ÷ 二〇 〔S'＝〇・九一Sなので〕

＝ 〇・九一 （二四C） ÷ 二〇 〔S＝二四Cなので〕

＝ （〇・九一 × 二四 ÷ 二〇）S 〔係数をまとめる〕

＝ 一・〇九二C

政府の不作為

しかし、政府は学校五日制にともなう九・二パーセントの定数増の手当てをしませんでした。

すなわち「義務標準法」の定数算出の係数（「乗じる数」）を修正せず、週六日労働制の時と同じ計算式で定数を算出し続けたのです。「義務標準法」制定から半世紀近い歳月がたっていました。教員定数の礎石だった「一日四コマ」の原則を提起した官僚がいてもつぶされたのか、いなかったのか、どちらだったのかはわかりません。

そして現在の教育法令コンメンタールは「義務標準法」を解説して、こう述べています。「標準授業時数を基礎に一教員が週当たり担当授業時数を二六時間と想定して算定している」（加除式『教育法令コンメンタール』⑥、二二六二ページ）

「二六時間」というのは道徳と学級活動の二コマを含んでいるので、教科でいえば「二四時間（コマ）」のことでしょう。法制定時と同じ負担です。しかしおそらく、本当にそういう想定で計算されているか確認の計算はしていないことでしょう。法律制定時に二六（教科では二四）コマだったのをそのままコピーしたはずですから。なお、コンメンタールでは中学は「二四時間」（教科では二二コマ）とされ小学校より二時間少なくされています。これはどこかの時点で佐藤三樹太郎氏が気にしていた中学教員の負担減がはかられたためと思われます。しかし、学校五日制への対応は中学でも行われませんでした。

＊

政府の不作為で、「義務標準法」の教員定数の礎石、「一日四コマ」の原則は取り除かれてしまいました。おそらく当事者には、礎石を取り除いてしまった自覚もないままに。その結果、教員たちは「一日四コマ」の原則の維持に必要だった九・二パーセントの定数増なしに現場で働くことになりました。「一日四コマ」の原則の崩壊の始まりです。現場の教員たちは学校完全五日制になって「少し忙しくなった」と感じました。

「一日四コマ」の原則の崩壊②——定数増なき授業の増加

その後、もう一つの大きな変化が学校現場を襲います。授業のコマ数自体が、国の政策によって増やされていったことです。

授業増の政策は、いわゆる「学力低下論」を契機に始まりました。当時の「学力低下論」は、大学教員らによる学生の学力低下の指摘（例えば、岡部恒治他編『分数ができない大学生』一九九九年、東洋経済新報社）が始まりだと思います。ほぼ同時期、二〇〇二年からの学校週五日制に対応する学習指導要領の準備がおわっていました。それが「ゆとり学習指導要領」だとされ、批判されました。学習塾は、その「ゆとり指導要領」を「円周率を三で教える」ものとセンセーショナルに宣伝してみせ（実はそうではありませんでした）、保護者らの不安を煽《あお》ります。その後、国際学力調査（ＰＩＳＡ）で日本の順位が下がったことが決定打となりました。二〇〇三年のＰＩＳＡショックです。これもじつはトップグループであることには変わりなかったのですが、性急な学力低下論が世間を賑わせました。どうしたら本当に知性が育まれるのかの冷静な議論は後景に押しやられ、政財界は「授業をふやせ」と国に強い圧力をかけ、短期のうちに授業時間を増やす政策が打ち出されます。

標準の授業時数以上の授業を求める

そうはいっても、準備したばかりの学習指導要領を変えることは困難です。学習指導要領の変更は数年がかりの準備が必要で、それにそった教科書の準備・採択の時間も必要です。そこで文部科学省がうった手は、学校現場は学習指導要領で定めている標準授業時数以上の授業時数を確保すべしという、かつてない内容の全国の教育委員会への通知です。

「指導内容の確実な定着を図るため必要がある場合には、指導方法・指導体制の工夫改善を図りながら、学校教育法施行規則に定める各教科等の年間授業時数の標準を上回る適切な指導時数を確保するよう配慮すること」（二〇〇三年一二月二六日、事務次官通知）。

事務次官通知というのは、国の通知類のなかでは最強のものです。この通知は全国で猛威をふるい、各地の学校で「授業時数確保」が呪文《じゅもん》のように唱えられ、やみくもに授業増がすすみました。

〝二割も少ない教員定数〟の出現

次に文部科学省が行ったことは、学習指導要領を改訂し、標準授業時数自体を増やしていきます。

小学校「六学級」校の一週間あたりの教科コマ総数の標準は、二〇〇二年に一四二コマだったものが、二〇一一年から一五〇コマ、二〇二〇年から一五四コマと増えていきます。一五四コマといえば、「義務標準法」が制定された一九五八年の一五六コマとほぼ同じです（比較のため道徳と学級活動をのぞいたものを教科とします。以後も同じ）。

要するに、学校週六日制の時代と同じ量のコマ数に戻ったわけです。一教員あたり週二四コマをこなしていたのと同じ量の授業を、一教員あたり週二〇コマでこなす（週五日制とはそういうことです）とすれば、教員は二割増やす必要があります（六四ページの数式参照）。それを政府は行いませんでした。これこそが、〝二割も少ない教員定数〟をもたらしたのです。

しかも、先ほどの「事務次官通知」はあいかわらず生きていますから、各学校は増やされた標準時数を上回る授業時数を確保することが求められ続けました。その結果が、本節の冒頭でみた「一日六コマ」の授業負担です。

なお、授業時数増に学問的な裏付けはありません。長時間の授業は子どもの負担の限界をこえます。「週の半ばから子どもが疲れて集中しない」「六時間目は授業にならない」と効率のあがらないものとなりました。授業量をやみくもに増やすより、なぜ学ぶのか、何をどのように学ぶかという質が大切です。また、低学力と相関関係が高い要素は「子どもの貧困」です。貧困を減らす社会政策も位置づけず、授業量で勝負しようとする学力政策は、あまりに無策です。しかも、教員増なき授業増は、低学力の子どもの引き上げを行う余裕を教員から奪うことで、子どもの学力格差を広げる方向に働きました。

4　「一日四コマ」の原則の再確立を

一日六コマではムリ！

教員が「一日六コマ」の授業を負担するとどうなるか。それを可視化したのが、図表2－4の二つの円グラフのうち左のグラフです。

円グラフはある学校の一日の勤務時間をあらわします。一番上のところが出勤時間で、時計回りにぐるっと一周すると退勤時間で一番上にもどります。出勤時間、退勤時間は学校によって違いますが、この学校は八時から一六時三〇分です。しめて八時間三〇分で、うちわけは所定勤務時間七時間四五分、労働基準法で義務付けられている休憩時間四五分です。四五分の休憩はこの学校では二回に分けてとることになっています。

図表 2-4　1日6コマと1日4コマの違い

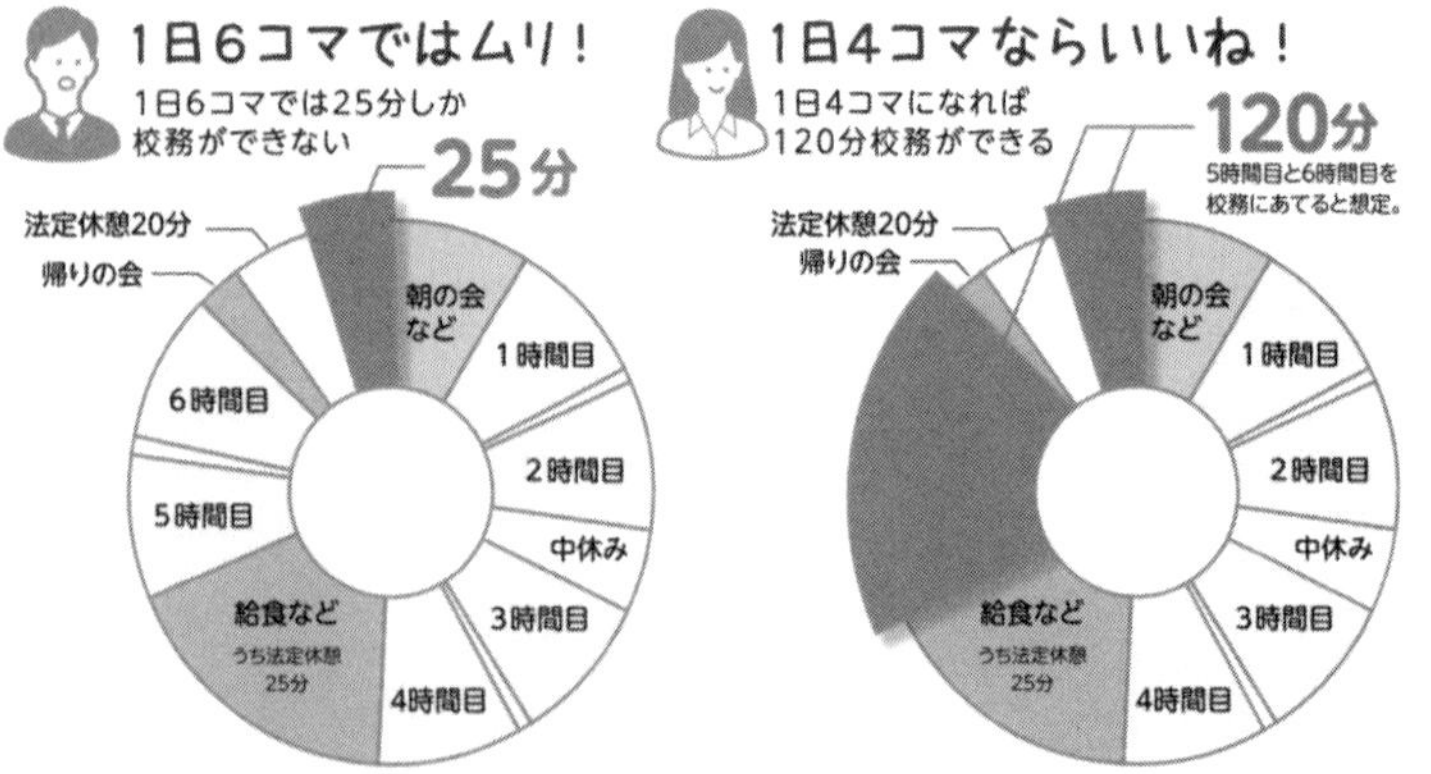

関東地方の小学校教員からの聞き取りをもとに作成。法定勤務時間（午前8時～午後4時半）を円グラフであらわした。
オレンジ色の部分が、授業準備など校務ができる時間帯。

（出典）日本共産党パンフ「教職員の働き方を変えたい」（2018年）

「一日六コマ」の授業を行い、法律通りに休憩時間をとるとします。授業と授業との間の五分休みや一五分休みは、子どもの様子の見守りですから、まとまった業務はできません。こうやって六コマの授業をすると、勤務時間中で授業以外の業務が可能な時間は、二五分しかありません。これでは、翌日の授業準備などは勤務時間終了後に行わざるを得ず、長時間の残業は必至です。一日五コマでも、勤務時間内に業務のできる時間は一時間ほどで、残業を相当しなければなりません。

右の円グラフは、もともと国が原則としていた「一日四コマ」の場合です。休憩時間をきちんととったとしても、勤務時間内に授業準備などのために二時間あてられます。これなら、あまり残業せず帰れます。

持ちコマ数を減らすには教員増しかない

教員に一日五コマも六コマも授業を担当させている状態では、教員の長時間労働の解決は不可能です。もし可能というのなら、一日二五分、あるいは一時間ほどの勤務時間で、翌日の授業準備、その日の採点、子どもや保護者への対応、各種打ち合わせ、研修、報告書作成など、教員しかできない一連の業務が終わることを示さなければなりません。しかし、そのようなことは不可能なのです（七四ページコラム参照）。

こうして、学校における働き方改革は教員の意識改革では解決しないことがわかります。意識改革はどうでもいいと言っているのではありません。意識改革では解決不可能であるという、「不都合な真実」から目をそらしてはいけないと言っているのです。このことは主義主張の問題でなく、事実に向き合うかどうかの問題です。

「一日四コマ」の原則に戻す教員の二割増の提案

「一日四コマ」の原則を再び確立する基本は、教員を増やすことです。授業負担の軽減は、授業のできる人を増やすことであり、授業ができる人は教員だけだからです。

では、教員をどれくらい増やす必要があるでしょうか。

概算すると、現在の標準授業時数を変えない場合、小中学校で約九万人の教員定数を増やす必要があります。その概算は次のようなものです。

――概数を求める計算なのでなるべく簡略なものとします。そのため、現在の教科のコマ数は一九五八年当時と同じとみなします。すでに見たように、現在と一九五八年の小学校「六学級」校の教科のコマ数は、週一五四コマと週一五六コマで、ほぼ同じです。また、本来は各都道府県ごとに計算しなければなりませんが、国全体を一つの単位とします。

――現在の小学校教員定数は基本的に、各学校での週あたり教科のコマ数を二四で割った数の合計です。二四はもちろん、教員一人あたり「週二四コマの負担」の「二四」です。この状態で、教員の負担を「週二〇コマの負担」に切り替えるとすると、教員をどれくらい増やす必要があるのか？〟というのが求める数値です。

――そうすると、次の単純な数式となります。

S（教科コマ数）＝C（現在の教員定数）×二四＝C′（あるべき教員定数）×二〇

式を解くと、C′＝C×二四÷二〇＝一・二C。すなわち、教員は一・二倍化する必要があります。これは小学校です。

中学校教員の現在の定数は「週二二コマの教科」で計算されていることになっていますが（五七ページ参照）、中学校教員の部活動、進路指導、生活指導などの負担を考えると、多くの

図表 2-5　日本共産党の教員定数改善 10 ヵ年計画

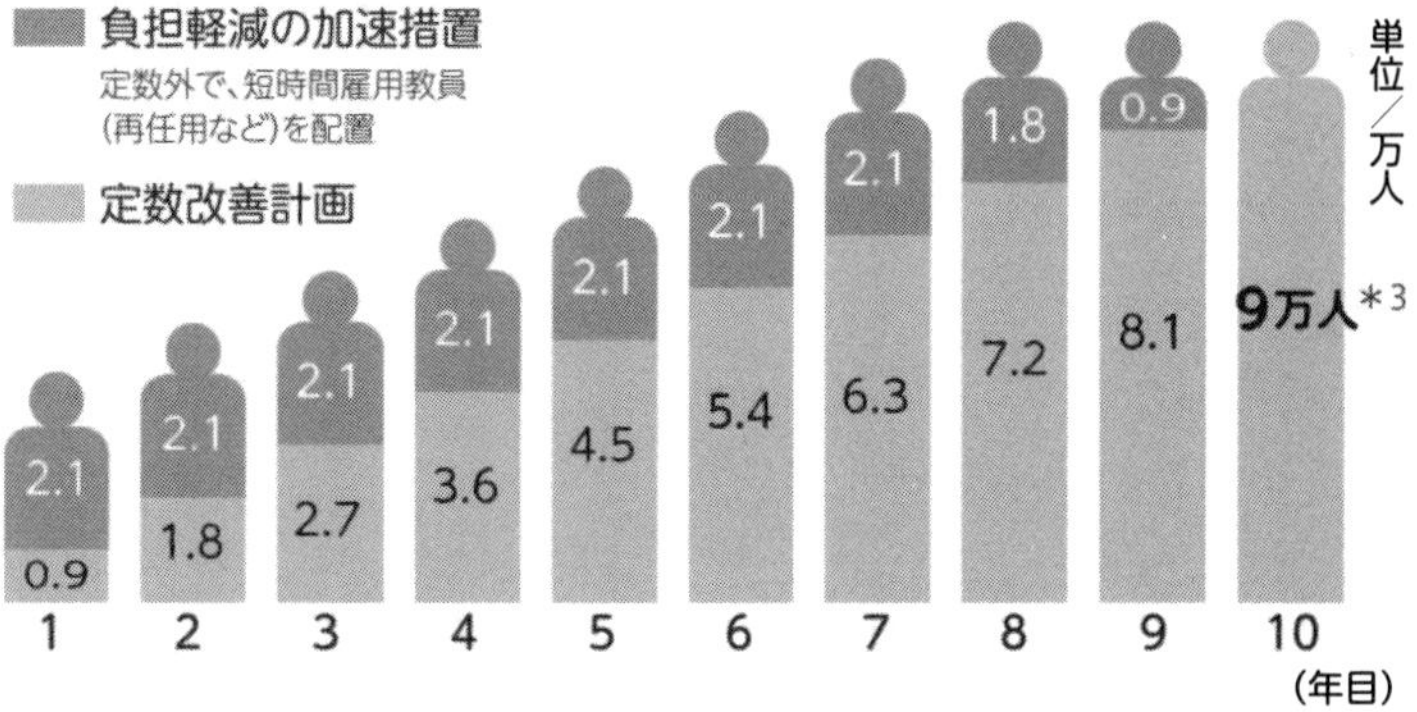

※「9 万人」は定数の中心部分の 2 割に相当。平均で 1 校約 3 人の増員。
（出典）図表 2-4 に同じ

関係団体が求めているように「週一八コマ」が妥当です。それで計算すると約二・二割増ですが、簡略化のため二割増とし、小学校も中学校も教員二割増でそろえます。

――次に、具体的に何人かを確定します。Cは現在の教員定数のなかの、授業負担から（法律の条文では学級数から）算出される定数です。教員定数の大半をしめ、条文的に言えば、「義務標準法」第七条第一項第一号による定数で（六七ページのコラム参照）、一九五八年の法制定以来脈々と続いてきた定数の根幹ともいうべきものです。その数は四五万人程度と推計されます（二〇一八年）。その二割増ですから、九万人の増員といえます。

ところで教員は一度に大量採用できません。大学での教員養成能力には限度があるからです。そこで、私も立案に加わった日本共産党の提案は、一〇年計画で九万人増を行うこととしました。

同時に一〇年も待てないという観点から、少しずつすすんでいく定数増を補完するかたちで、中途退職した元教員など教員免許保持者から相当数の短時間雇用教員を採用し、計画初年度から全学校に新たな教員を配置する案としました（図表2－5）。そのために、教員免許を一〇年で失効とするようにしてしまった「教員免許更新制」（二〇七ページ参照）を廃止し、多くの人々の教員免許を復活させることも政策に入れました。

なお、授業時数を減らせば、それに応じて必要な教員定数も減ります。筆者は現在のコマ数は子どもにとって多すぎ、削減が必要と考えています。仮に以前の「ゆとり」学習指導要領と同じ一四二コマまで削れば教科コマ数は九一パーセントとなり、その場合に必要となる教員増は九・二パーセント増となります（五六ページの数式参照）（図表2－5）。

九万人増は恩恵ではなく過誤の訂正

九万人増に必要な予算は、国と地方あわせて五八七七億円です。小中学校の教員給与の三分の一は国の負担ですから、国の教育予算上の負担は一九五九億円となります。

五八七七億円といえば、相当な額の予算です。しかしそれは恩恵や新たなサービスではありません。一日八時間労働を守るため定めた「一日四コマ」の原則を投げ捨て、異常な長時間労働を全国の教員に強いてしまった、政府の過誤の訂正なのです。「予算がない」という言い訳が通用しない性格の予算だと考えます。

なぜならば、政府は法律を守る必要があるからです。しかもその法律は全国民の生活を支えるうえで不可欠な「一日八時間労働」を定めた労働基準法です。

政府が自らの過誤に向き合い、教員定数を二割ふやす。それは長時間労働の蔓延という違法で異常な状態をただすことのできる、唯一の手段です。

注1　二〇一六年の教員勤務実態調査は、一日を三〇分単位に分け、その三〇分間に複数の業務を行った場合は、最も中心的な業務を一つだけ選んで記載するようになっている。この方式で記入すると、授業時間は実際よりも多めになりやすい。

注2　政府が「学校における働き方改革」をいい始め、二〇二〇年度からの小学校英語の授業増だけは教員定数の増員を行った。ただし、授業増全体からみれば、また英語という小学校教員免許で想定していなかったことからみても、すずめの涙というべき量である。

コラム　「義務標準法」を読む

「義務標準法」（公立義務教育諸学校の学級編制及び教職員定数の標準に関する法律）は、子どもの数が決まれば学級数が決まり（学級編制）、学級数が決まれば教職員数が決まる（教職員定数）というものです。ただたいへん読みにくい法律です。そこでここでは、小学校の教職員定数について、今のものよりシンプルで読みやすい制定時（一九五八年）の条文を紹介し、解説することにします。その上で、そのシンプルだったものに何がどう付け加えられたかを記して、現行法の解説とします。なお、法律を読むのは苦手という方は、本コラムを読み飛ばしてもさしつかえありません。

制定時の条文

制定時は第七条で公立小学校の教職員の定数を定めていました。全文は以下のとおりです。

第七条　各都道府県ごとの、公立小学校に置くべき教職員の総数（以下「小学校教職員定数」という。）は、次の各号に定めるところにより算定した数の合計数を標準とする。

一　学級総数に一を乗じて得た数

二　次の表の上欄に掲げる学校規模の学校数に当該学級規模に応じる同表の下欄に掲げる数を乗じて得た数

学校規模	乗ずる数
六学級から十七学級までの学校	二

四　十八学級から三十学級までの学校
五　三十一学級から四十二学級までの学校
六　四十三学級から五十四学級までの学校
七　五十五学級以上の学校

三　五学級以下の学校の総数に政令で定める数を乗じて得た数（一未満の端数を生じたときは、一に切り上げる）

四　児童総数に千五百分の一を乗じて得た数

一号から四号までが当時の教職員定数の全てです。一号から三号までが教頭を含めた教員の定数です。四号は法律には明記されていませんが養護教諭（いわゆる保健室の先生）の定数分です。

一号は学級数×一。まず学級数分の教員は配置しましょうということで、学級担任をおくイメージです。

二号は、六学級校（各学年一学級の学校）以上の規模の小学校に配分される定数です。例えば三六学級校は三番目の学級規模に該当し一校当たり五人の教員が配分されます。そうすると三六学級校は三六（一号）プラス五（二号）イコール四一人の教員定数となります。「一日四コマ」の原則から計算される教員数より二人多く、教頭と教務主任の分ととれなくもありません。このように、条文から計算される定数は、「一日四コマ」の原則から計算される教員数ぴったりというより、それを少しだけ上回るようにできています。三号は、二号の対象外である五学級以下という小さな学校に配分されます。四号は、養護教諭の定数です。その都道府県の小学生一五〇〇人につき一人ですから、当時は大規模な学校でないと配置されなかったことがわかります。

なお、初めに戻って第七条の最初の一文に、小学校の教職員定数は都道府県ごとに配分されるとあります。これは、その県に配分される教職員定数はこの条文にしたがって学校ごとに学級数などによって積算されますが、その定数を各学校にどう配分するかは都道府県のさじ加減があり得るということを意味します。学校から見れば、さきほど例に上げた三六学級校に四一人の教員が必ず配置されるとは限らないということです。教育困難な学校に少し多めに配分して、その分はどこかに少なめに配分するということがありえます。また国から配分された定数をぜんぶ各学校に配分しないことも可能です。実際、配分された定数のなかから、都道府県や市町村の教育委員会の事務局の職員として何人か「キープ」することは広く行われています。

現在の条文

現在の教職員定数に関わる条文は第七～第九条に拡大し、条文はたいへん長くなり、全文引用すると何が何だかという気分になるほどです。当初四号までだった定数は今は一三種類もあります。

もともとの第七条がどう変化したのかで説明します。なお、それぞれの項の最後に、現在のどの条文に書かれているかを（　）に入れて示しました。

A　もともとの第七条の一号から三号が一本化され、一つの号となる……一本化された条文は、学校規模に応じて一・▽▽▽という「乗ずる数」を決め、その「乗ずる数」と学級数をかけたものを教職員定数とします。端数が出たら切り上げます。例えば五学級校の「乗ずる数」は一・二〇〇とされ、教職員定数は五×一・二〇〇＝六です。三六学級校の「乗ずる数」は一・一三七で、教職員定数は三六×一・一三七＝四〇・九三二で、四一人となります。実質的には制定時の定数とあまり変わりません。くりかえしになりますが、ここに教頭なども含まれます。（第七条第一項第一号）

B　もともとの第七条の四号（養護教諭の定数）は、第八条として独立……三学級以上の小学校に各一名の養護教諭を配置し、児童数が八五一人以上の小学校にもう一名の養護教諭を配置します。医療機関のない市町村の場合二学級以下でも配置します（これのみ政令）。もとは児童一五〇〇人に一人ですから、まだ足りないとはいえ充実がわかります。

（第八条）

C　新たに加わった基礎定数……基礎定数というのは、児童生徒数が決まり学級数が決まれば、自動的に決まる定数です。今説明したAとBも基礎定数ですが、それ以外に多くの基礎定数ができました。種類はたくさんありますが、人数はそんなに多くはありません。以下、箇条書きにします。

○教頭の複数配置……二七学級以上の小学校ごとに一名配置する（第七条第一項第二号）。

○生徒指導担当教員……三〇学級以上の小学校の数に二分の一を掛けて得られた数。大規模校は生徒指導も大変になりやすく、三〇学級以上の小学校の二校に一校は教員を一人配置できるようにするもの（第七条第一項第三号）。

○少人数指導等のための教員……児童数に応じて、一学校あたりの「乗ずる数」を定めている。例えば二〇〇〜二九九人の学校は〇・二五、一二〇〇人以上の学校は一・二五。均せば一校一名の確保はできない（第七条第一項第四号）。

○通級指導のための教員……発達障害などの子どもを週一、二回特別に教える「通級教室」のための教員定数。通級の子どもの数の一三分の一の教員が配置される（第七条第一項第五号）。

○日本語指導のための教員……外国人の子どもなどで日本語指導が必要な子どもの数の

一八分の一の教員が配置される（第七条第一項第六号）。
○初任者研修を担当する教員……初任者研修を受ける教員数の六分の一の教員が配置される（第七条第一項第七号）。
○分校の定数……分校の数だけの教員を配置する。分校の管理責任者である（第七条第一項第八号）。
○舎監の定数……小学校に寄宿舎がある場合、その寄宿舎の人数に応じて舎監を配置する（第七条第一項第九号）。
○栄養教諭の定数……給食の単独実施、共同調理、そして児童数の規模に応じて配置する（第八条の二）。
○事務職員の定数……学校規模、就学援助を受ける児童数に応じ、数としては大部分の小学校に配置される数となる。事務職員は今では学校運営になくてはならない大切な専門職である（第九条）。

D　加配定数……これまでの基礎定数とは別に、毎年の政令で定められる教員定数。国の政策に沿った施策を行う場合に配置されます。毎年の予算折衝の中で決まるもので安定的なものとはいえません。少人数指導や習熟度別指導、特別な配慮が必要な子どもへの対応、教職員が長期の研修を受ける場合への補充などに使われています。（第七条第二項）

以上、一三種の定数が定められています。しかしその中心は、なんといってもA。もともとの「義務標準法」制定の際に定められた、教科指導の時数から導いた教員定数です。なお、「校長は?」と思われた方もいるかもしれませんが、校長は今も昔も第六条で各校一人と定められています。

コラム　一日六コマ国会論戦

「一日六コマの授業負担では、勤務時間中に二五分しか業務ができない」――六一～六二ページで書かれた問題は、国会で取り上げられたことがあります。二〇一八年二月一九日、衆議院予算委員会、質問者は日本共産党の畑野君枝議員です。そのやりとりは以下のようになりました。

○畑野君枝議員　まず、この学校でいうと、朝八時に出勤をしまして、四十五分間の休息時間というのを入れなくちゃいけないということになっている。これはなかなかとれないわけですが、そういう仕組みになって、退勤時間は合わせて十六時三十分ということになっています。

しかし、実際には、朝八時には子供たちが登校してくるために、教員はその前には出勤をしている。この学校では昼休みに教員も二十分休憩していることになりますけれども、小学校四年生から六年生の下校時刻の十五時四十分以降、退勤時間の十六時三十分まで五十分間しかないんです。そこで休憩時間の残り二十五分をとらないといけないとなったら、二十五分を差し引くと、残り二十五分しかないんです。これがこの表の一番下、ここしかないんです。

中間まとめは、「適正な勤務時間の設定」というくだりの冒頭で「定められた勤務時間内で業務を行うことが基本」だと言っていますが、二十五分しかないんです。二十五分間でどうやって次の日の授業準備を行えというんでしょうか。文部科学省、大臣、いかがですか。

○高橋道和・初等中等教育局長　この問題を議論していただきました中央教育審議会の中間まとめにおいても、「定められた勤務時間内で業務を行うことが基本である」ということを示していただいております。

文部科学省といたしましても、登下校時刻の設定や、部活動、学校の諸会議等について、教員の勤務時間を考慮した時間設定を行うよう徹底することを昨年末に緊急対策に盛り込んでおり、各教育委員会にしっかりと取り組んでいただくよう通知をしたところでございます。

完全なすれ違いです。なにしろ〝一日六コマの授業をしている限り、二五分しか業務にあてる時間がない。これでどうやって次の日の授業準備ができるのか？〟と聞かれているのに、「登下校時刻、部活動、学校の諸会議の時間の設定を適切に行う」というのですから。一日六コマの授業と、登下校時刻、部活動、諸会議の時間帯も一切関係ありません。
当然、畑野議員はすぐに質問し直します。

○畑野君枝委員　二十五分しかないんですが、どうやってやれというんですか。
○高橋道和・初等中等教育局長　今回の中教審の中間まとめを受けまして緊急対策を設けまして、その中では、勤務時間の業務の効率化でありますとか、あるいはサポートスタッフの充実など、そういった対策も盛り込んでおります。
こういったことを総合的に実施することによって、しっかりと取り組んでまいりたいと考えております。

要するに、何度聞かれても、論理も何もつながらない答弁をするしかないわけです。正直に市民感覚で答弁すれば「二五分では翌日の授業準備は難しい」と語ればすむ話です。しかし、それを言ったら、授業負担を減らす問題から、教員の定数増に行きつくことになります。しかし、教員の定数増に触れることはタブーなのです。

思い出すのは、学校における働き方改革に関する国の中央教育審議会の審議が始まった時のこと。財界代表の委員が、経営者から見て学校の事態は業務量のオーバーフローであり、事業から撤退するか、資本を投下してマン・パワーを手当てするかどちらかだと述べました。そして、学校教育から撤退する選択肢はない以上、資本投下が必要だ、国は予算を投下する覚悟があるのか、と問いました。しかし、その発言に国からの応答はなく、そのまま議事がすすみました。やがて審議会は、予算増や定数増がないことを前提に、方策を審議する場になりました。それに異議をとなえる委員の発言は答申には反映されません。

教員定数のタブーをなくさなければ、まっとうな議論となりません。

〔引用〕

小学校の教員定数について（「新しい法律と学校経営(2)」『学校経営』一九五八年七月）

一　標準法第七条の趣旨

（略）標準法では第七条から第十条までが教職員定数の標準に関する規定である。まず第七条の小学校教職員定数の規定を引いてみよう。

第七条　各都道府県ごとの、公立の小学校に置くべき教職員の総数（以下「小学校教職員定数」という。）は、次の各号に定めるところにより算定した数の合計数を標準とする。

一　学級総数に一を乗じて得た数

二　次の表の上欄に掲げる学校規模ごとの学校数に当該学校規模に応ずる同表の下欄に掲げる数を乗じて得た数

学校規模	乗ずる数
六学級から十七学級までの学校	二
十八学級から三十学級までの学校	四
三十一学級から四十二学級までの学校	五
四十三学級から五十四学級までの学校	六
五十五学級以上の学校	七

三　五学級以下の学校の総数に政令で定める数を乗じて得た数（一未満の端数を生じたときは、一に切り上げる。）

四　児童総数に千五百分の一を乗じて得た数（一未満の端数を生じたときは、一に切上げる。）

簡単に条文の趣旨を説明すると、第一に、ここにいう小学校教職員定数とは、学校ごとの定数を定めるものではなく、各都道府県ごとの総数としての小学校教職員定数の標準を定めるものである点を明らかにしている。したがってこの規定は学級編制の場合とは異なり、学校の設置基準のように個々の学校において必要とする教職員数の標準を示したものではなく、各都道府県が管内の全小学校について常時配置すべき教職員数の総枠を示したもので、いわば算定方式を規定したものである。そこで第二にその算定方法であるが、まず第一号は、学級総数に一を乗ずるということで学級担任教員の数を想定しているわけである。第二号は学級担任以外の教職員を想定して、これを学校規模ごとに算出する方式を表示したものである。第三号は第二号の学校規模に入らない小規模学校に対する教員の補正を考えたものであり、第四号は養護教員の数を予定したものである。

そこでこれら各号によって算定される小学校教職員定数の核心ともいうべき点は、結局第二号の算定方法であろうかと思われるので、この点についてさらに詳細な解説を加えてみよう。まず第二号の表に現われた計数の意義であるが、これははじめに述べたように、必ずしも個々の学校における教職員数の標準ではなく、あくまでも各都道府県ごとの全教職員定数をうるための算式にすぎないのである。したがって各学校規模に応じた計数を乗じた数をトータルしたものが全体的に確保されることがねらいであるが、それではなぜこのような計数を定めたかといわれると、それには一応各学校規模における必要最少限度の教職員数を予定しておくべきであるという思想があるからである。そういう意味からこれらの学校規模ごとの計数の一つ一つは、ある意味ではそれがそれぞれの学校規模における標準的な教職員数になりうるとも解してよいであろう。

この法律の立案にタッチした者として、この第二号の表を分解して説明すると次のようになる。

学校規模	乗数	内訳		
		校長	学級担任外教員	事務職員
六〜一七学級	二	一	一	
一八〜三〇学級	四	一	二	一
三一〜四二学級	五	一	三	一
四三〜五四学級	六	一	四	一
五五学級以上	七	一	五	一

この結果第一号と第二号の教職員数を合わせると、六学級では校長以下八人、一八学級では事務職員を加えて二二人ということになる。これがこれらの学校規模における標準的な教職員数であるということにもなる。もちろんこのほか第四号の養護教員がなんらかの形で加わることとなる。またこれはいわゆる教職員だけであり、給仕さんとか小使さん等の市町村負担職員は、この教職員以外の職員と考えられていることは当然である。

二　学校規模ごとの教員数算出の基礎

各学校規模ごとの教職員数の標準をここに述べたような数と考えた基礎というものが、いかなるものであり、それがまた学校経営の実際とどのような関連においてはあくされたかという点が次に重要な問題となってくるわけで、以下それらの考え方の一端を紹介しておくこととしたい。まず小学校における教職員数をなにから割出したかという問題があろう。これにはいろいろな要素があり、したがってこれを計数として現わすには多様な角度があるのであるが、終局のところこの場合には教科の指導時数と、一教員あたりの標準指導時数との関係をおさえることとしたものである。そこで小学校における教科指導時数をどのように想定したかというと第一表に示すとおりである。これは学習指導要領一般編に示す基準時数を念頭におきながら、各都道府県が実際に編制している指導時数（昭和三一年指導部課長会議提出資料による）を平均化したものであり、どちらかといえば過少算定とならないように配慮したつもりである。

第１表　学年別教科別標準指導時間数（週平均）

教科＼学年	一	二	三	四	五	六
国語	6	6	6	7	7	7
算数	4	5	5	5	5	5
社会	3	3	4	4	5	5
理科	2	2	3	3	4	4
体育	3	3	3	3	3	3
図工	2	2	2	2	2	2
音楽	2	2	2	2	2	2
家庭					2	2
計	22	23	25	26	30	30
教科外	1	1	2	2	2	2
合計	23	24	27	28	32	32

注　1時間は45分と考えたものである。

そこで次に一教員あたりの標準指導時数であるが、考え方としては一週二四時限をもって標準とした。したがって一日平均四時限となるが、これは一日の勤務時間八時間のうち、四時間（休憩時間を含み）を正規の教科指導にあて、残り四時間を教科外指導のほか、指導のための準備整理、その他校務一般に充当するという考え方である。教員の指導時間なり、校務分担時間がどのような現状にあり、かつそれがどう改善されるべきかについては後にふれることとし、一応このような基礎の上に立って所要教員数を算出してみると、各学校規模では次のような数がえられる（校長、養護教員、事務職員を除く）。

学校規模	教科総時数	同上の1／24	割り切れない時数	必要教員数
六学級	一五六	六	一二	七
一二学級	三一二	一三	―	一三
一八学級	四六八	一九	一二	二〇
二四学級	六二四	二六	―	二六
三〇学級	七八〇	三二	一二	三三
三六学級	九三六	三九	―	三九

この結果教員数の算出方式としては、学級数nのほか六から一七学級まではn＋1、一八から三〇学級まではn＋2（三〇学級以上の端数は切捨てた）、三一から四二学級まではn＋3、四三から五四学級まではn＋4、五五学級以上はn＋5としたのである。nはもちろん学級担任教員数であり、小学校における教科の指導が主として学級担任教員によって担当されている現実からみて当然のことである。しかしながら学級担任教員の負担を衡平化するとともに、教育効果の上からも専科担当等の教員を置く必要があるので、とくにnプラスXとして学級担任以外の補助教員数を予定しているものである。

第２表　週間担当授業時間数別職名別小学校教員数および１人当り時間数（１週平均）

職名別／時間数別	合計		職名別内訳							
			校長		教諭		助教諭・講師		養護教員	
	教員数	割合	教員数	割合	教員数	割合	教員数	割合	教員数	割合
10時間以下	人 41,372	% 12	人 19,906	% 93	人 14,591	% 5	人 776	% 2	人 6,099	% 90
時間 時間 11 ～ 20	8,600	3	556	4	7,057	3	727	2	260	4
21 ～ 25	41,558	12	201	1	36,226	13	5,049	14	82	1
26 ～ 30	163,730	49	344	1	143,003	53	20,177	56	206	3
31時間以上	80,059	24	372	1	70,348	26	9,240	26	99	2
計	335,319	100	21,379	100	271,225	100	35,969	100	6,746	100
平均１人当時間数			3.0時		27.2時		28.0時		3.3時	

三　教員一人あたりの指導時数

右のような教員数がえられたのは、結局一教員あたりの教科指導時数を二四時限としたことに起因するが、ここで教科指導時数を二四時限としたことの適否が問題になると思われる。一人の教員が担任すべき指導時数が少なければ少いほど充分な指導が計画されることは当然であろうが、他面においては財政上の配慮も必要となる。そこで現状において小学校の教員がどの程度の指導時数を分担しているかをみると第二表のような資料がある。（昭和三一年度教員調査―文部省調査局）。

これによると教員の平均指導時数（教科外指導も含まれている）は二七～八時限となっている。これには一週一〇時間以下というような少時間を担当している職員（教頭等）の分も含まれているので、これらの職員を除いてみると、実際にはもっと重い負担となっているにちがいないと思われる。そこで前述のように一教員の平均指導時数を二四時限とし、これに教科外指導時間を加えても二五～二六時限におさめたいと考えたのである。しかしながら教頭や校務主任に充てられた教諭が全く教科指導を担任しないということであれば、実際に教科指導を担任する教員の指導時数はさらに増加することは当然である。ここではそこまでの配慮を払うことができなかったのであるが、全体として二四時限程度の指導という目標に向ったものである。そこでこの二四時限の根拠であるが、一つは前述したように一日の勤務時間の半分を教科の指導に充てるということで、もう一つは能う限り現状の負担過重を軽減するという趣旨である。もちろんこれについては現場の先生方や指導主事等の方々の意見をも徴してみたし、外国の例も調べてみたのである。

（略）

――――――――

中学校の教員定数について（「新しい法律と学校経営(3)」『学校経営』一九五八年八月）

（略）標準法でいう教職員定数は、各学校を単位とした定数ではなく、あくまでも都道府県を単位とする総教職員数の標準を示したものである。そのつもりで次の第八条をみていただくこととする。

第八条　各都道府県ごとの、公立の中学校に置くべき教職員の総数（以下「中学校教職員定数」という。）は、次の各号に定めるところにより算定した数の合計数を標準とする。

一　学級総数に三分の四を乗じて得た数（一未満の端数を生じたときは、一に切り上げる。）
二　次の表の上欄に掲げる学校規模ごとの学校数に当該学校規模に応ずる同表の下欄に掲げる数を乗じて得た数

学校規模	乗ずる数
二学級以下の学校	一
三学級から八学級までの学校	二
九学級から二十学級までの学校	三
二十一学級以上の学校	四

三　生徒総数に二千分の一を乗じて得た数（一未満の端数を生じたときは、一に切り上げる。）

まず簡略に条文の趣旨を紹介すると、第一号は学級数に応ずる基本的な教員数を予定したものであり、第二号は、第一号によって算出される教員数の捕足と、校長及び事務職員の数を想定した算式である。この表を分解して説明すると次のとおりである。

学校規模	乗数	内訳 校長	内訳 教員	内訳 事務職員
二学級以下	一		一	

三～八学級	二	一	一	
九～二〇学級	三	一	一	一
二一学級以上	四	一	二	一

第三号は小学校の場合と同趣旨で養護教員を想定したものである。

右三号の算定方式によって算出された総数が各都府県ごとの中学校教職員定数となるものである。これを小学校の場合と比較すれば、もちろん教員配当方式が全く異なるほか、事務職員が、小学校では一八学級以上となっているのに対し、中学校では九学級以上となっていること、又養護教員が、小学校では児童数の千五百分の一となっているのに対し、中学校では生徒数の二千分の一となっていること等である。そこで中学校における教員数算定方式をどのような基礎によって、第一号又は第二号のように定めたかということが問題とされるのであるが、いうまでもなく中学校においては教科担任制をとることとなるので、まず中学校における教科ないしはその指導時数を考えてみる必要がある。このために現行の学習指導要領に定める教科とその配当時間を基準に、現実に各都道府県が編制している教科及びその指導時数の実態を勘案して別表のような標準時間数を想定したのである。読者は専門家であるからこの表の意味するところを一見して御理解いただけると思うが、念のために若干の注釈を加えると、保健体育とか職業・家庭の教科においては男女別、進路別等によりクラスの編制を組替えしなければならないので、奇数学級においては若干時間数が増加することとなる。これが◎印欄における時間数となって現われている。このようにして各学級規模ごとの学校における時間数を想定すると、教科としては三学級で一一〇時間、六学級で一九二時間……というようになる。これを教員

別表　中学校における標準教科指導時数

教科＼学級数	標準時数	3	6	9	12	15	18	21	24	27	30
国　語	5 5 5	15	30	45	60	75	90	105	120	135	150
社　会	5 5 5	15	30	45	60	75	90	105	120	135	150
数　学	4 4 4	12	24	36	48	60	72	84	96	108	120
理　科	4 4 4	12	24	36	48	60	72	84	96	108	120
音　楽	2 2 2	6	12	18	24	30	36	42	48	54	60
図　工	2 2 2	6	12	18	24	30	36	42	48	54	60
選　択	4 4 4	12	24	36	48	60	72	84	96	108	120
◎保　体	3 3 3	18	18	36	36	54	54	72	72	90	90
◎職　家	3 3 3	$\frac{(9+18)}{2}$ 14	18	$\frac{(27+36)}{2}$ 32	36	$\frac{(45+54)}{2}$ 50	54	$\frac{(63+72)}{2}$ 68	72	$\frac{(81+90)}{2}$ 86	90
計	96	110	192	302	384	494	576	686	768	878	960
$\frac{1}{24}$（カッコは残時数）		4(14)	8	12(14)	16	20(14)	24	28(14)	32	36(14)	40

一人当り指導時数二四時間で除すると、三学級では四人と残り時間一四時間、六学級では八人と残り時間ゼロとなる。以下各規模に応ずる教員数をみると、この数は例外なく三二時間（一学級の標準時間数）を二四時間（一人当り指導時数）で除した数となり、奇数学級ではそのほか一四時間の残り時間が出てくる。そこで中学校における教員配当の基本数を学級数については32／24＝4／3とし、学校単位としては各校ごとに一を加えることとしたものである。

そしてさらに二一学級以上の学校については学校規模が過大となることにより、職業指導その他進学指導等複雑な指導形態になる点を考慮し、その上に一を加えることとしているのである。これが第八条第一号及び第二号の算定方式の根拠となる考え方である。そこで次には中学校における教員一人当りの指導時数を小学校と同じく二四時間とした理由が問われることとなると思う。標準法の立案にさいしては一週二四時間、すなわち一日の勤務時間のうち四時間を教科の指導に充て、残りを教科外指導、指導のための準備と整理、その他学級及び学校事務一般に充てるという考え方でよいのではないかと考えたのである。なお教科一時間は五〇分と考えているわけであるから、指導一時間には休憩一〇分を含んでいるものである。この指導時数を高等学校との均衡をも考慮し、小学校とは異にすべきであるというのが中学校側の言い分である。たしかにそういう配慮も必要かと思われるが、現状では中学校内部における次のような指導時数の実態に注目して、これを能う限り衡平化することに努めることが当面の課題ではないかと思われる。

中学校教員担任指導時数調

指導時数	教員数	百分比
	千人	%
一〇時間以下	三	二
一一〜二〇時間	一四	八
二一〜二五時間	四九	三〇
二六〜三〇時間	八〇	四八

三一時間以上	二〇	一二
計	一六六	一〇〇

（注）三一年度調査による。教員数は教諭の数のみ、時間数は時限数で教科外指導時数を含む。

（略）

以上によって標準法における中学校の教員数は校長を除き、三学級で五人、六学級で九人、九学級で一三人、一二学級で一七人、一五学級で二一人、一八学級で二五人、二一学級で三〇人、二四学級で三四人、二七学級で三八人、三〇学級で四二人というぐあいに想定される。しかしながらこのような具体的配置方針は、もとより都道府県教育委員会の自主性に委ねられているのであるから、この標準法では配当に関してはなんら制約を設けていない。これはあくまでも第八条の第一号と第二号の規定の背後にある考え方の一端を紹介したにすぎない。なおこの考え方なり条文の規定と、学校教育法施行規則第五二条に定める「中学校においては、学級毎に、教諭二をおくことを基準とする。」という規定との関連はどうなるかという疑問もあるであろうが、これは本来一致するのが望ましいが、ここでは直接には関係がないといわなければなるまい。なぜならば標準法は都道府県を単位とする最低総教職員数の確保を目指した一種の保護法であるのに対し、後者は学校を単位とするいわば理想的な基準法令であり、財政負担とは直接的な関連がないからである。（略）

第3章　「教育改革」の累積

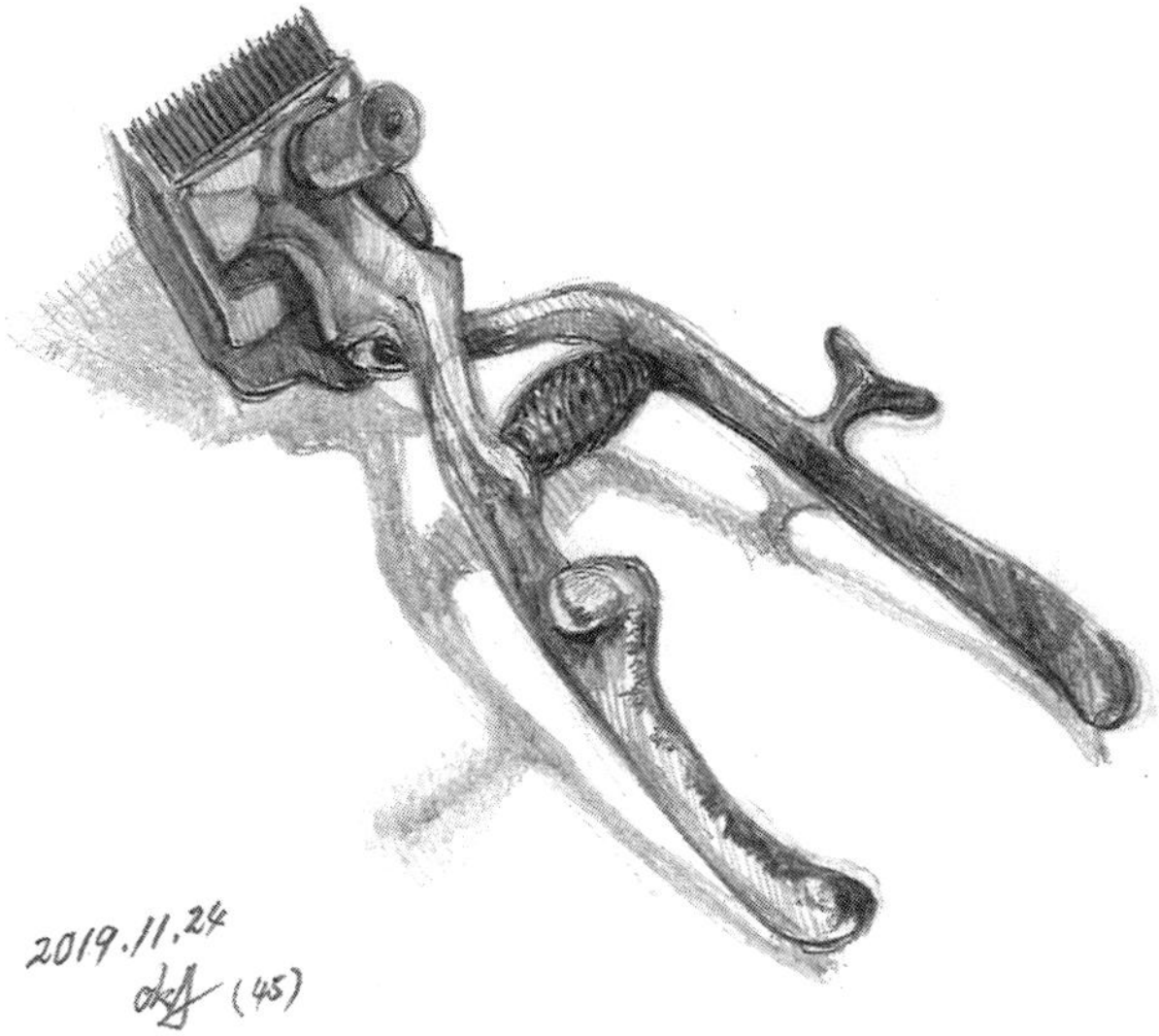

異常な長時間労働の常態化は、教員数と業務量とがアンバランスな状態を意味している――そこから教員数算出のしくみを追い、教員数と授業数との関係に導かれました。国は一日八時間労働を意識してつくった教員定数の原則をある段階から投げ捨て、今では本来より二割も少ない教員定数となっていました。以上が第2章で行ったことです。

さて、教員数と業務量とのアンバランスにはもう一つの要素があります。授業以外の業務が増えることによってアンバランスが生じ、長時間労働をもたらすことです。授業以外の教員の業務がどう変化したのか。その主な変化を追うのが本章のテーマです。

1 困難をかかえる子どもと保護者の増加

今日の教員の負担を心に浮かべたとき多くの人がまず思うことは、「たいへんな子どもや親たちが増えているから……」ということでしょう。それは、学校現場の実感でもあると思います。すぐキレる子どもへの対応、ネグレクトへの対応、いきなり怒鳴り込んでくる保護者への

図表 3-1　通級による指導を受けている児童生徒数の推移

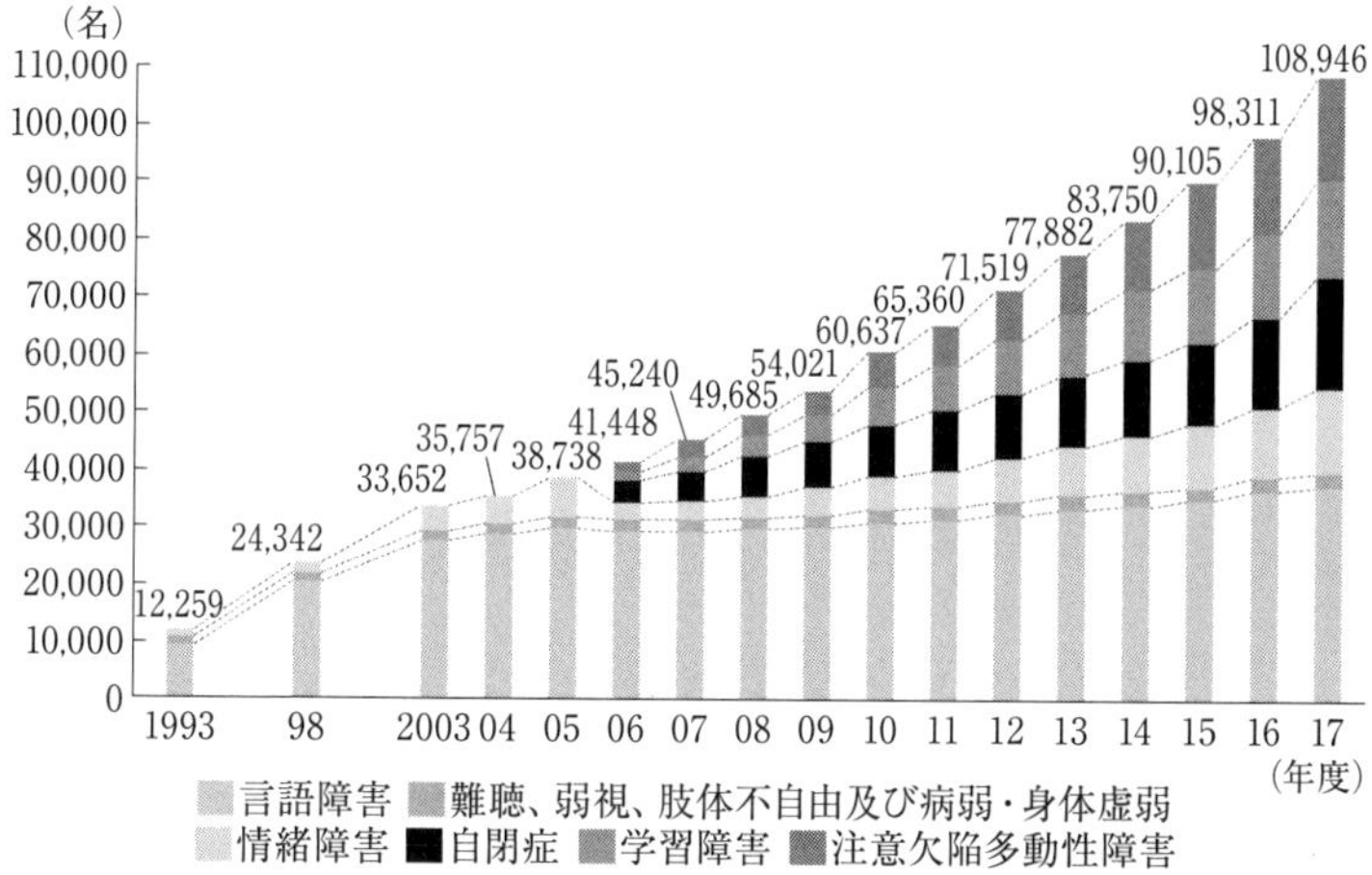

公立小学校、中学校、義務教育学校、中等教育学校前期課程　計

※「注意欠陥多動性障害」及び「学習障害」は、2006 年度から新たに通級指導の対象として学校教育法施行規則に規定（併せて「自閉症」も 2006 年度から対象として明示：2005 年度以前は主に「情緒障害」の通級指導教室にて対応）

※1993、98 は参考として記載。1994 ～ 97、1999 ～ 2002 は省略

（出典）文科省資料「通級による指導の現状」（2019 年 2 月）から作成

対応……そんなことが増えていることは、それをどう見るかは別として、事実として認めないわけにはいきません。「以前なら数年に一人出会えるかどうかの難しい子どもが、今ではクラスに数人いることもある」とは、あるベテランの養護教諭の言葉です。

一　子どもたちの変化

まず、子どもたちの変化を、いくつか国の統計を示しながら見ていきましょう。順番はアトランダムで、他意はありません。

○発達障害などの増加

ADHD（注意欠陥多動）、自閉症スペクトラム、学習障害など、いわゆる発達障害といわれる状態の子どもたちが増えています。図表3－1はその傾向を示していると考えられる、通級指導教室に通う子どもの推移です。

発達障害は脳の特性に起因していると考えられ、親の育て方とは関係しません。その急増には多くの原因が考えられていますが、他の子どもと違う特性が、ゆとりを失った社会や学校のなかで顕在化してきた面もあります。また、少しの違いが周囲の過剰な叱責、いじめで二次障害となり、深刻化する場合も少なくありません。

友だちから何か言われ激高して怪我をさせてしまう、問題が解けないと「俺はもうダメだー」と大声を出しながらパニックになっていく……一人ひとりは愛らしい子どもですし、不安定になるのにはその子なりの理由があります。その理由や行動の中にあるその子の思いを受け止めてこそ、子どもは豊かに育ちますが、それには教員の余裕も必要です。

○校内暴力の増加

子ども間の暴力、教員への暴力、器物の損壊などの校内暴力は、小学生で特に急増し（図表3－2）、子どもたちのイライラやむかつきの強さを感じさせます。教員は暴力をはたらいた子どもから、なぜそうなってしまったのか聞き取り、生徒指導の会議をひらき、関係する子どもと話して反省を促し、保護者にも集まってもらいます。事実関係と対応結果についての報告

図表 3-2　児童・生徒の暴力行為発生件数の推移

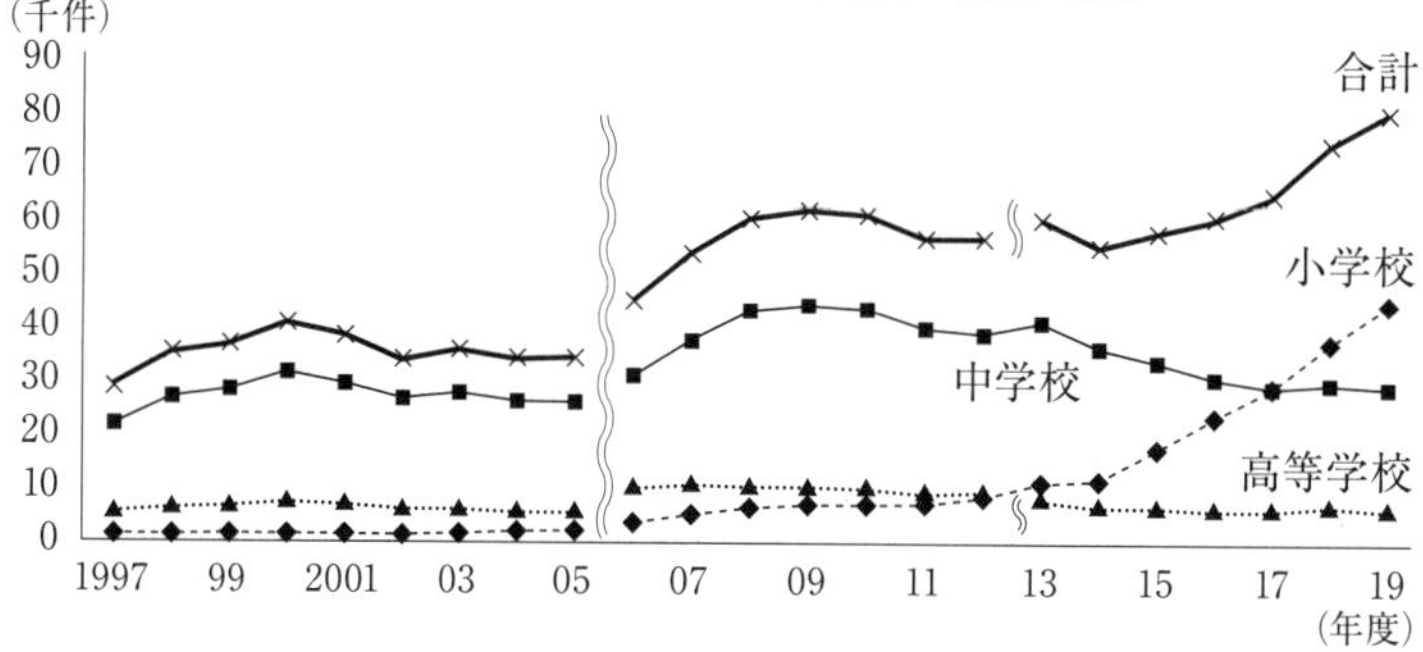

※1997 年度からは公立小・中・高等学校を対象として、学校外の暴力行為についても調査
※2006 年度からは国私立学校も調査
※2013 年度からは高等学校に通信制過程を含める
※小学校には義務教育学校前期課程、中学校には義務教育学校後期課程及び中等教育学校前期課程、高等学校には中等教育学校後期課程を含める
（出典）文科省「児童生徒の問題行動・不登校等生徒指導上の諸問題について」から作成

図表 3-3　いじめの認知率の推移（1000 人当たりの認知件数）

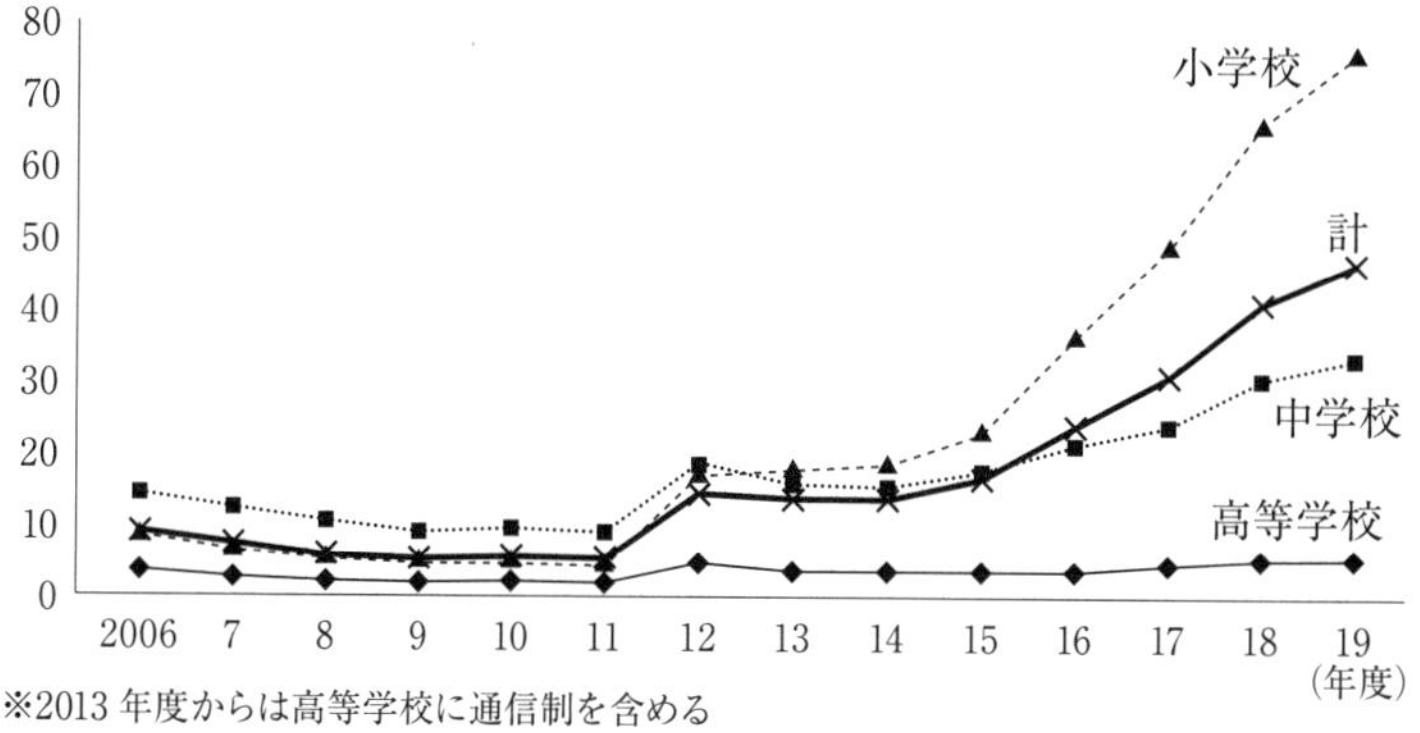

※2013 年度からは高等学校に通信制を含める
（出典）図表 3-2 に同じ

書も書かなければなりません。

○いじめの深刻化

いじめの件数（図表3－3）は学校が認知した件数であって、自治体間の差があまりに大きく、信頼できるデータとはいえません。しかし、格差と貧困が広がり、学校を中心に競争や抑圧が強まるなかで子どものストレスが増え、それがいじめの増加につながっていることは十分に考えられることです。一九九〇年代からの「いじめ自殺」が毎年相当の件数おきていることをみても、深刻ないじめが増えていると考えられます。

○不登校の増加

不登校は一九九〇年代に急増し二〇〇〇年から高止まりの状態が続き、近年ふたたび増加の兆しがあります（図表3－4）。一九九一年に六万六八一七人だったものが、二〇一九年には一八万一二七二人と三倍近くに増えました。背景には、過度の管理、体罰やいじめなどの人権侵害、競争や評価などによって学校が年々窮屈な場になっている問題があります。中学校では部分登校、仮面登校が全生徒の四人に一人にのぼるという衝撃的な調査結果もあります（NHK調査、二〇一九年五月）。不登校には様々な形がありますが、子どもの心と生活の有り様を理解しようとする気持ちと、学校復帰を絶対のゴールとしない、子ども本位の支援が必要です。

図表 3-4　不登校児童生徒数の推移

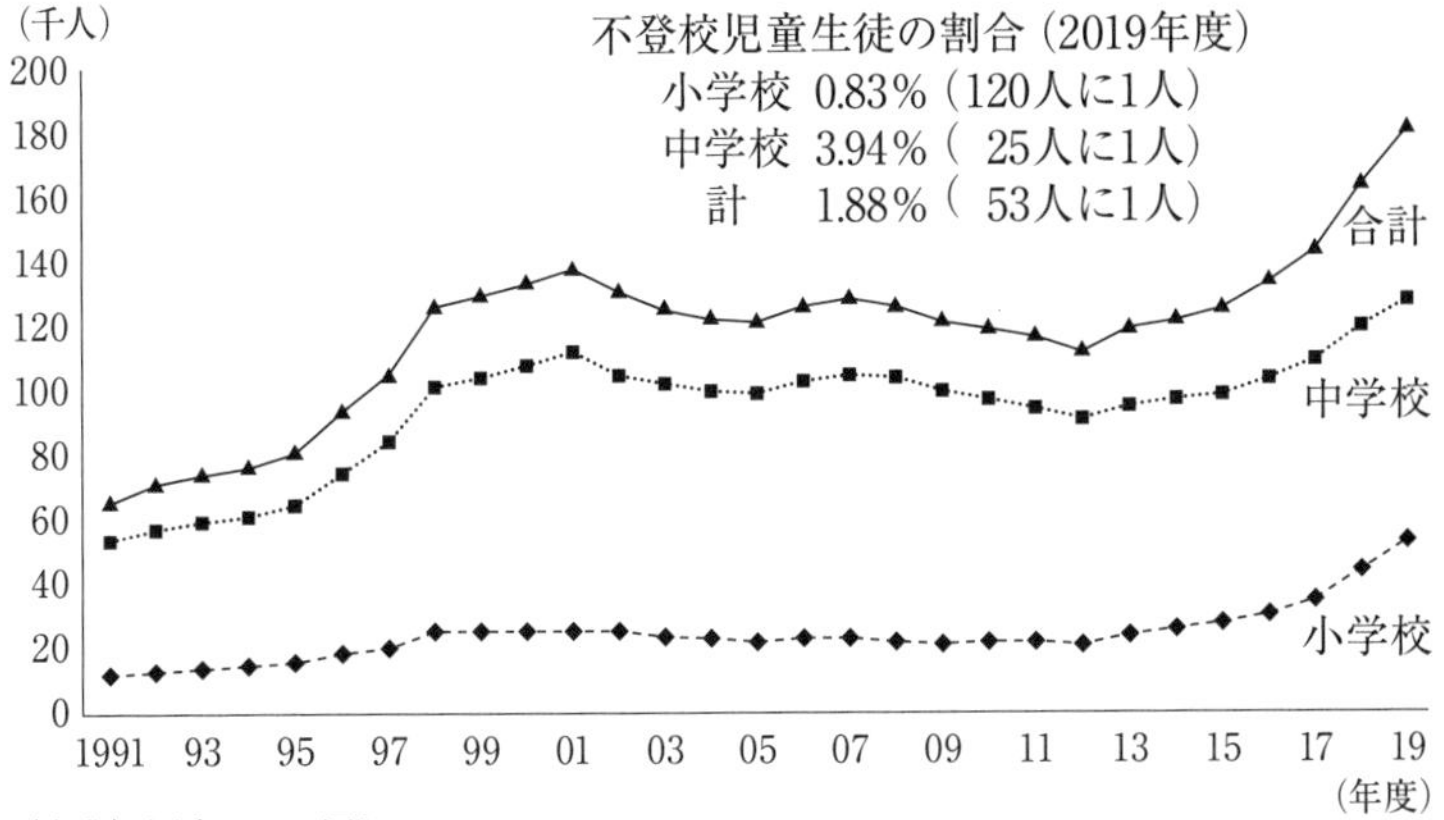

(出典) 図表 3-2 に同じ

図表 3-5　要保護及び準要保護児童生徒数の推移

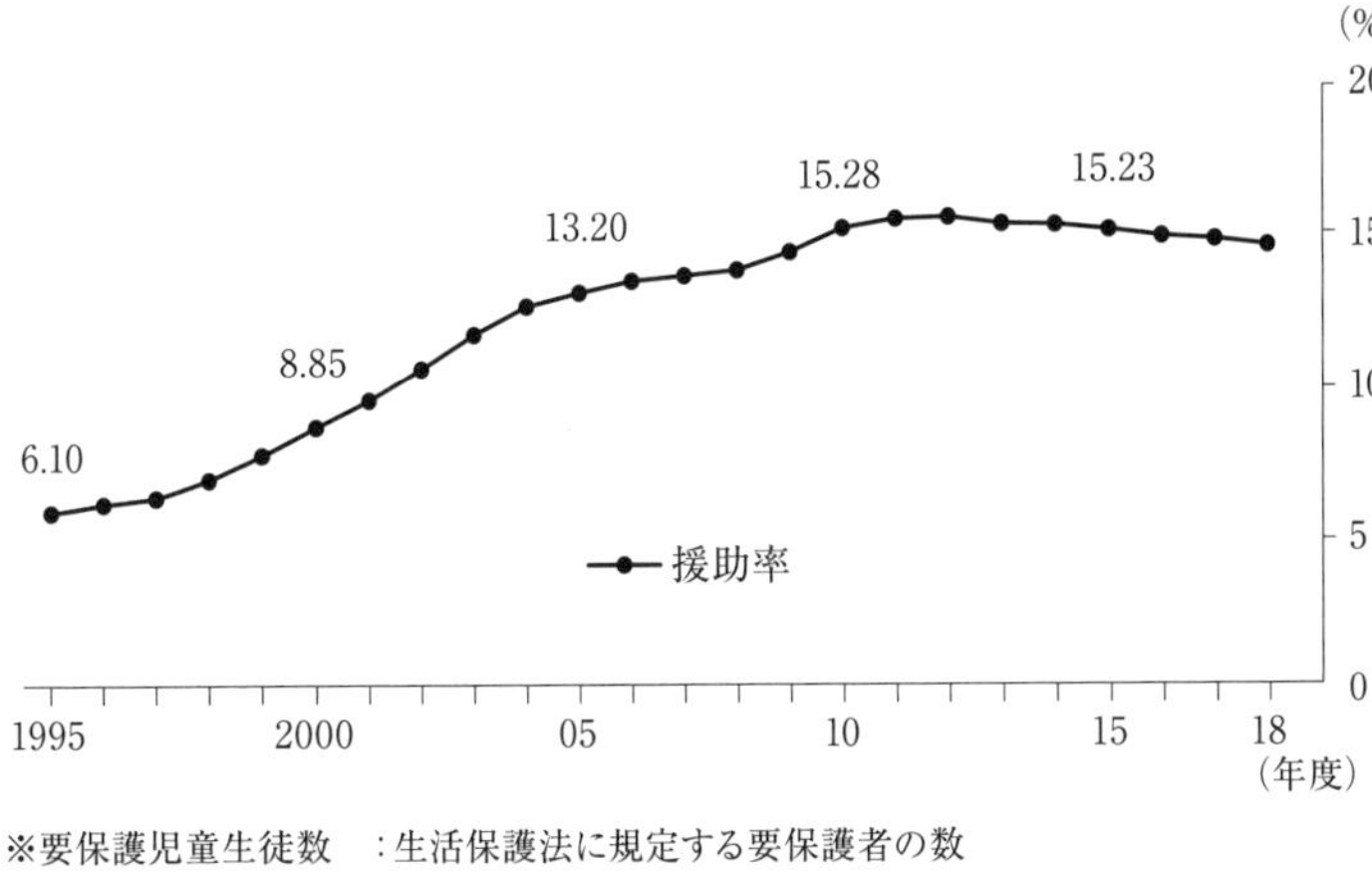

※要保護児童生徒数　：生活保護法に規定する要保護者の数

※準要保護児童生徒数：要保護児童生徒に準ずるものとして、市町村教育委員会がそれぞれの基準に基づき認定した者の数

(出典) 文科省「就学援助実施状況調査結果」(2020 年 3 月) から作成

図表3-6　公立学校における日本語指導が必要な児童生徒数の推移

（小学校、中学校、高等学校、中等教育学校、義務教育学校、特別支援学校）

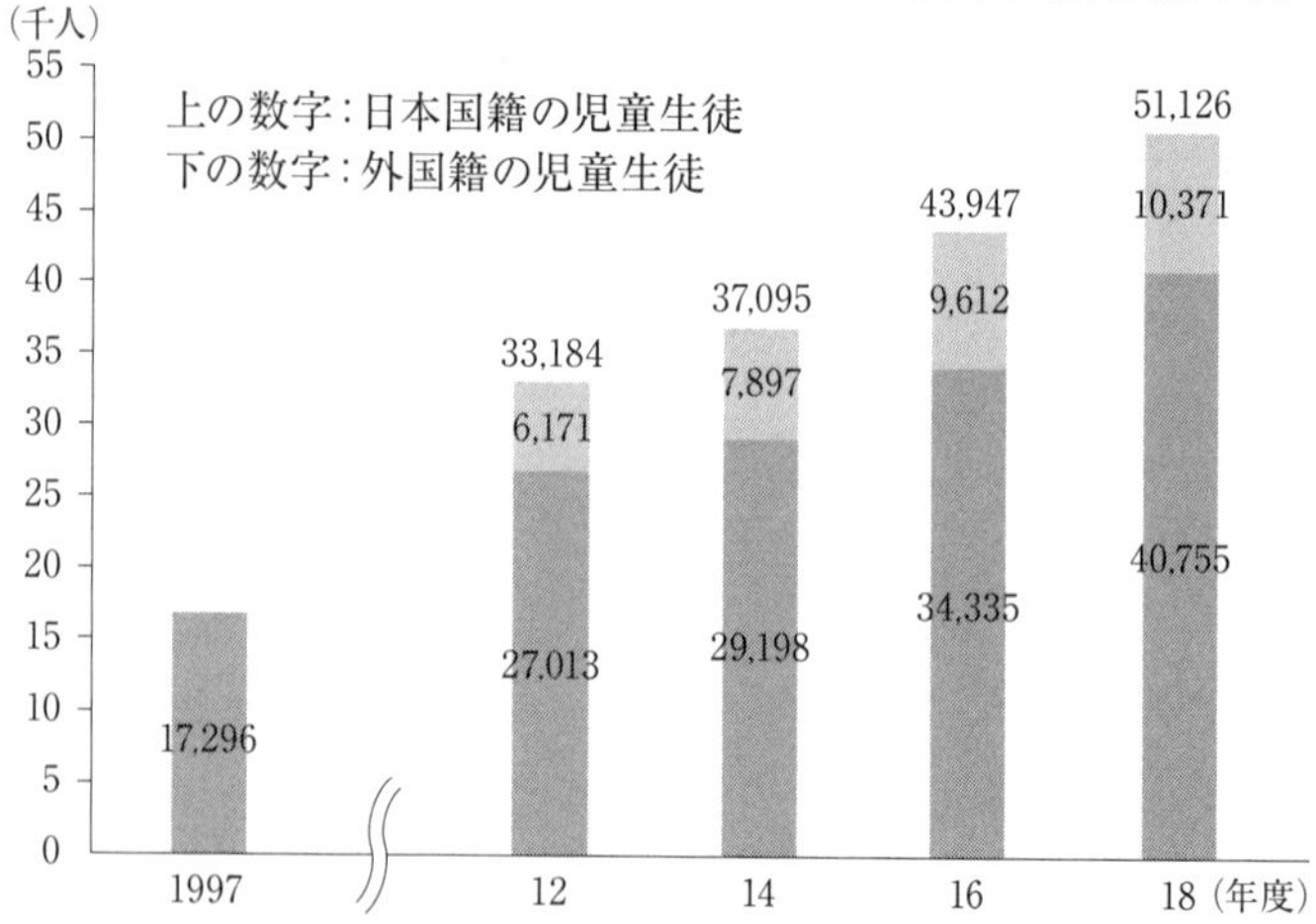

※1997年度は国籍による区分はない

（出典）文部科学省「日本語指導が必要な児童生徒の受入状況等に関する調査」

教員は担任する生徒が不登校となると、さまざまなアプローチを行います。適切でないアプローチはなくしていきたいものですが、それも含め、あらかじめの正解のない探求が不登校の子どもの数だけあります。

◯「子どもの貧困」の増加

一九九〇年代以降、子どもの貧困が顕在化します。図表３－５は、小中学校での就学援助を受けている子どもの推移です。貧困は、勉学、健康、人間関係やさまざまな体験など多くの面で子どもの成長に負の影響を与えます。ネグレクトをふくむ虐待リスクも高まることもわかっています。貧困と格差こそ、子どもと保護者のしんどさの中心にあるものです。

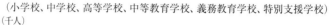

朝ご飯が食べられず朝からぐったりしている子どもにおにぎりを準備する校長先生、貧困と保護者の心の病が重なって機能不全に陥った家庭に行って家の片付けをする教員など、ぎりぎりで子どもを支えようとする関係者の姿があります。

○外国人の子どもの増加

外国人労働者の急増を背景に、外国をルーツとする子どもも増えました（図表3－6）。日本語がたどたどしく、さまざまな困難をかかえている子どもが少なくありません。保護者との意思疎通は子ども以上に時間がかかることがあります。多くの場合、貧困とも重なっています。

二　手厚い体制が必要なのに

子どもがしんどいということは、親もまたしんどいということです。

毎日が忙しすぎ、助け合える人間関係も希薄であれば、大人もギスギスします。ストレスや不安にさらされ続ければ、心を病むこともありえます。また、悲しい目にあわせられてきた保護者は、教員を試すようにきつく当たることがあります。

ある小学一年生が不登校になったケースがありました。これといったわかりやすい原因は見つかりません（そうした事例はたしかにあります）。父子家庭で、お父さんはライフラインに関わる仕事です。子の祖父母からは「お前が離婚するからだ」と非難され面白くありません。子どものために職場を長期に休むわけにいかず、ストレスは限界に達していきます。やがて父親は若い担任の先生に「いつになったら子どもは登校できるようになるのか。見通しを示せ」と連日のように質問するようになります。それにうまく対応ができなかった先生は元気をなくし、やがてうつ症状と診断され、休職となります。ベテランの先生が急遽《きゅうきょ》担任となり、管理職、養護教諭、福祉関係のメンバーも交えて週一回、ケース会議を開き、子どもとお父さんへの対応を継続させました。会議はみんなの都合を考えれば夜七時くらいとなり、それも一時間ではまず終わりません。しかし、お父さんが悪いわけではありません。ましてや子どもが悪いわけもありません。

様態は違えど、こうした負担は多くの学校にあるものです。

そして、こうした子どもや保護者の変化にともなう負担は、けっして切り捨ててはいけない負担です。むしろ、公教育が他の専門家とも手をたずさえてケアしなければならないものでしょう。それだけに、政府は体制を手厚くして対応すべきでした。しかし、実際には教職員定数を増やさず、非常勤のスクールカウンセラーやスクールソーシャルワーカーを雀の涙ほど配置しただけです。国はスクールカウンセラーを「全校配置した」と胸をはりますが、小中学校の数と同じだけの非常勤カウンセラーといっても、週一回半日（四時間）勤務することを「一人」とカウントしているだけです。フルタイムで換算すれば、実際はその一〇分の一というところです。学校からみれば、週に半日だけ来て帰る人です。ある教員が『「チーム学校』というなら、同じ釜の飯を食べてこそ。毎日一緒に働いてほしい」と言いましたがもっともです。なお、「子どもの貧困」などに力を発揮するスクールソーシャルワーカーはさらに少ない配置です。

2 「教育改革」の累積、増える書類と会議

一 コスト意識ゼロの「ビルド・アンド・ビルド」

重大な問題は、政府が教職員を増やさなかっただけでなく、この時期、教職員に新たな業務を負わせる政策を集中的に推進したことです。一九九〇年代あたりからはじまった上からの「教育改革」の展開で、新自由主義的な手法の教育への導入を主な動機とするものです。[注1]

図表3-7は、この時期、国が行った主な施策の一覧表です。いかに多くのことが行われたことでしょう。図の下にあるのは、学校教育の命といえる二つの教育活動です。一つは授業準備。教材研究などを行い、授業を通じて子どもたちの知的な成長を中心にした人間的成長を支

図表 3-7　主な「教育改革」

1990年代以前	初任者研修、行政研修の拡大
2000年代 教育基本法改悪 （2006年）	職員会議形骸化、教員評価制度、指導力不足教員制度、主幹教諭制度、教員免許更新制、学区自由化（競争と選択）、ＰＤＣＡサイクル、学校評価、授業時数確保、全国学力テスト、小学校英語、ゼロトラレンス
2010年代	道徳教科化、学校スタンダード、高大接続

圧　迫

学校の基本業務　**授業準備**　**生活指導**

※年代はおおまかな区分。自治体により前後する

えます。いま一つが生活指導（安全確保を含む様々なケア、学級会や運動会、合唱祭、修学旅行、部活動など自主的自治的活動を通じた人間的成長）です。いずれも、教員と子どもたち同士の人間的接触をつうじて行われます。二つとも、昔からのシンプルかつ重要な学校の営みです。その学校の日常の営みのうえに、「あれも、これも」と「改革」が積み重なったわけです。チリも積もれば山となる。それらは重く教員たちにのしかかり、学校の肝心な営みが潰れてしまうほどになっています。

一連の「教育改革」は、その内容批判を措《お》いたとしても、正道を外れた改革でした。というのは、それによって新たに増える業務を誰が担うのかが全く考えられていないからです。企業は、新しい事業を立ち上げれば、社員を増やすか、別の事業を店じまいにして（スクラップ・アンド・ビルド）総事業量の増加を防ぎます。それは、持続可能な経営のために不可欠なコスト意識といえるでしょう。ところが、文部科学省も教育委員会もおどろくほどコスト意識の欠如した集団でした。それは、お役所であればみな同じようなものとも思いますが、教育関係は度外れているようです。

その事情を描いた、佐藤晴雄・日本大学教授の一文が説得力のあるものだったので、その一部を引用します（『内外教育』二〇一八年一〇月三〇日号　巻頭言）。

「ある官僚経験者の話である。例えば、国土交通省に道路や橋を作る計画がある場合、財務省がその予算を認めなければ、道路や橋は作れない。ところが、教育行政の場合、新たな施策の予算が認められないにもかかわらず、何とかそれを実施せよ、という具合になる。

確かに、教職員定数増の要求が十分認められなくても、その定数の不足分は教職員の努力や負担に転嫁されてしまう。

小学校の英語や外国語活動の指導も、ＡＬＴ（外国語指導助手）などの予算が不十分なまま、英語が苦手かもしれない学級担任におまかせという状態にある。ここに教育行政の弱さがありそうだ。

その弱さは、結局、学校業務の肥大化や教職員の多忙化を促すことになる」。

この一文のタイトルは「一升徳利に二升は入らぬ」でした。この誰にでもわかることがわかる行政になってもらいたいものです。泣かせられるのは現場なのですから。

二　教育を荒廃させている「改革」が多い

積み重ねられた「改革」には、現場がどうしても必要だといって始まったものがありません。ほとんどが政治家の押し付けたものです。学校現場に大きな影響を与えた三つの代表的な「改革」をみてみましょう。

○全国学力テスト[注2]（二〇〇七年〜）

年に一回、全国の小学校六年生と中学二年生に実施する、国が始めた事業です。建前は調査ですが、ある文科大臣は国際シンポジウムで「全国学テで日本を学力世界一にしてみせる」と息巻いていました。同じ場で北欧の若い教育大臣は「先生を大事にすることが教育のカギ」と述べ、その違いにため息がもれたものです。

心配されていたとおり、全国学テは全国の学校を平均点競争にまきこみ、地方独自の同様の学力テストも誘発しました。子どものことより平均点をあげることが気になって仕方ないという、いやな風潮が学校にうまれます。

ある県の教員たちは、「テスト問題をぱっと解く力でなく、自分たちでテスト問題をつくれるような子どもを育てる」ことを誇りに努力していました。しかし、全国順位が下位だったことが知事の逆鱗《げきりん》に触れ、教育委員会の抵抗も抑え込まれ、テストの特訓が繰り返されるようになります。ある教員は残念そうにこうつぶやきました。「テクニックを使えばテストの点数はあがる。でも子どもの本当の力は逆に伸びなくなる」。

全国学テの行われる四月下旬まで、子どもたちに過去問題をやらせるのがテクニックの最右翼です。ひどい学校ではそれまで新学年の教科書は開かせず、テスト範囲である小五までの問題に明け暮れます。

テスト当日、答案用紙を業者（採点もする）に返却する前に、全てコピーして、「即日開票」のように教員に採点させる学校もふえました。採点には相当の労力がかかります。平均点をあげるためのテスト当日の不正も問題となりましたが、不正の噂は今なお絶えることがありません。成績が悪そうな子どもを当日休ませる圧力もあります。

東日本のある県で、全国学テのために官製研究会が組織されました。学校から一名ずつ教員が選ばれ、放課後に集まり、誤答が多かった問題ができるようになる模範授業を研究します。教員が授業を実演してみて、工夫を加える。そんなことを幾度も繰り返し模範授業を仕上げ、教育委員会の面々に披露します。この過程はすべてワープロで打ち込まれ、分厚い本にして全学校に配布。読む教員はいないそうです。忙しくてそれどころではありませんから。ただし、運悪く次年度の研究メンバーに選ばれた教員が、ページを繰ります。

○教員評価制度（二〇〇〇年〜）

教員が一年間の目標を管理職に提出し、管理職はその目標に照らして教員一人ひとりをＳ・Ａ・Ｂ・Ｃ・Ｄというように評価する制度です。その評価で給与に差がつけられます。

この制度の導入で管理職の顔色をうかがう教員が増えました。目標の提出時から管理職に何度も駄目だしされ、さいごは管理職の入れた赤字通りに自分の「目標」を提出する教員もいます。ある若手の英語教員は「子どもたちが英語好きになる授業を行う」と書いたら、「学期末にアンケート調査を実施し、『私は英語が好きになった』と回答する割合を七〇パーセントにする」と書き直されました。直した管理職は、教育者としてもリーダーとしてもセンスはゼロといわなければなりません。

教員評価が正確である保証は皆無です。そもそも管理職は忙しく、教員一人ひとりの教育活動をつぶさに見ることは不可能でしょう。それでも訴えられた時のために、「何月何日、授業でこうしていた」などのアリバイ的な「記録」をとることが当局から推奨されています。

自分の好みで評価をつけたり、字の綺麗さだけで判断したりする管理職もいます。ある教員は自分の評価がＣで、隣クラスの教員は評価はＡでした。「その教員がクラス運営で危機に陥った時、相談に乗って助けた私がなぜＣなのか」。一瞬、「もう誰も助けてやるものか」と思ったといいます。

中央教育審議会で働き方改革の審議をした際、ある委員が発言しました。「教員評価はいい制度かもしれないが、時間がかかる。自分が副校長の時、どれくらい時間を使ったか記録したが、年四〇〇時間消費した」と。管理職から見ても割の合わない仕事です。

ところで、日本の民間企業は一九九〇年代、年功序列をやめ能力主義人事に転換します。アメリカの大企業のランク付け人事評価の後追いでした。教員評価制度はその後追いの後追いです。

ただし、導入した企業では人事評価の弊害が生じ、企業の浮沈に関わる事態となって大きな見直しが行われました。[注3] アメリカではGEやGoogleなど巨大企業が“No Rating”(従業員を数値評価しない)に踏み切りました。日本でも、若手エンジニアが挑戦的な目標をかかげて達成できずに「ダメ社員」と烙印《らくいん》をおされることを恐れ無難な目標しか掲げない、他人の評価が上がることを気にして協力しないなど、士気も生産効率も下がったといわれます。教員評価制度を導入して学校現場の士気があがったという例を聞いたことがありません。

○教員免許更新制度(二〇〇九年~)

教員免許に一〇年の有効期限を設け、免許を維持するには一〇年に一度、免許更新講習を大学等で受けなければならない制度です。安倍政権が教育関係者の反対を強引に押し切って導入しました。二〇〇七年に法改正が行われ、二〇〇九年から実施されています。更新講習は三〇時間以上で、勤務外の扱いですから有給休暇をとり、三万円ほどの受講料、交通費も自分持ちで、住む場所によっては大学近くの宿泊費もかかります。

講習の内容は玉石混交といいますが、はっきりしていることは、それを受けたか受けないかで教員免許の有無が決められるような量と質はないということです。他の専門職は、保育士も弁護士も看護師も医師も、専門職としての知識をアップデートするために様々な講習はありますが、免許は一生免許です。なぜ教員だけ一〇年だけの免許なのか。合理的な説明ができない制度です。

制度は教員不足に拍車をかけるという想定外の弊害をもたらします。とくに、産育休や病休で一時的に教壇を離れる教員の代わりを探すことが困難になりました。一年くらいなら教員をやってもいいという教員免許保持者はそれなりに地域にいたのですが、免許更新制度がそういう人々の教員免許を失効させてしまったのです。代替教員が見つからず、授業の自習が続く、「教育に穴が開く」といわれる事態が全国各地でおきるようになりました。これを救っているのは、免許更新制度が適用されない昭和三〇年以前の生まれの一生免許をもつ教員たちです。ある県に行った時、同じ高校に八〇代の教員が二人いると聞き驚きました。二人ともお元気で活躍中とのことでしたが、抜本的な解決のために、制度の廃止が急がれています（二〇二一年三月、文科大臣は「抜本的見直し」を中教審に諮問しました）。

三　形式的な書類と会議

「教育改革」の進行で、教員は書類書きと会議が増えました。教員たちは職員室で談笑する代わりに一心不乱にパソコンを打つようになります。

たとえば、教育委員会が「学力向上事業」を立ち上げれば、学校ではこの事業の推進のための会議がもたれます。そして教員たちは、国や地方の学力テストの成績をあげるための指導計画書を作成し、提出します。

たとえば、学校が教育委員会の「研究授業事業」の推進校になれば、たいへんな負担で、教員たちは時間をかけて公開授業の授業案を練り上げます。打ち合わせ会議を重ね、何回かの授業の試行まで行います。教育委員会の前で披露する授業案は何回も書き直されます。しかし、そうした「研究授業」は子どもの学力形成に寄与することがほとんどありません。

たとえば、教育委員会が「キャリア教育事業」をたちあげます。市内のいくつかの学校の子どもたちが一堂に集まっての、ボランティアをまじえての疑似職業体験です。そのためには、学校をまたいで教員たちが打ち合わせの会議を重ねます。多くの事前準備も必要です。子どもの班編成をどうするか、ボランティアとの打ち合わせは……。間違いのないように一つ一つ文書化が求められます。

たとえば、国が「子どもたちの関心・意欲・態度」が重要だという新たな学力観を打ち出します（一九八九年改訂学習指導要領）。子どもの関心・意欲・態度を成績評価に入れることになり、その徹底のための会議に教員たちが集められます。集められた教員は同じ内容を自分の学校に帰って同僚たちに伝達します。「関心・意欲・態度」を数値化するため、毎回の授業ごとに子ども一人ひとりの挙手の回数、提出物などなどをチェックし、エクセルに入力するようになります。教員は意味を感じない作業にため息をもらします。

たとえば、教育委員会が管内の全中学生を一堂に集めた○○市中学生体育大会を立ち上げます。すると、どんな競技をするか、どうやって生徒を引率するか、当日の各教員の役割分担をどうするか、書類をたくさん作成しながら打ち合わせの会議を何回も行います。会場の下見もあります。

四　子どもの教育に時間をとれない逆立ちした働き方

右にあげた「たとえば」の例は何十、何百とあげられるでしょう。

それらは、学校の雰囲気を悪い意味でのお役所に変えてきます。「たとえば」のあとに来る会議や書類は、上で決めたことをそのとおり具体化するためのもので、形式ばったものになりがちです。目の前の子どもたちに合わないと言っても、方針に従うように言われます。上からの「改革」の累積は、労働時間を無駄に伸ばしただけでなく、教員を上意下達（これでは自律した専門職に成長できない）と形式にとらわれる人間に仕向けます。

同じ会議や書類でも、「自分たちの生徒たちのために今こういうことが必要ではないか」という現場発のものは違います。その会議や書類には形式にとらわれないダイナミズムがあります。目の前の子どもがなぜ荒れているのか話し合う会議は真剣勝負の精気があり、子どもの言動を理解し目の前の困難を打開しようとする自主的研修の文書には思いがあふれ、読む側も引き込まれます。こうしたことに時間がかけられず、形式的な会議と書類に追われることは日本の教育の不幸の一つです。

「しんぶん赤旗日曜版」が、ある教員の一日の勤務実態を記事にした時のことです（二一ページで紹介したもの）。教員は一日一八時間働き、九つの文書を作成していました。その記事に驚いた、元教員（戦後直後から就業）から電話をいただいたことがあります。

「今の先生は忙しいと聞いていたが、一体何をやっているんだ！　報告書ばかり書いているじゃないか。私も教師時代は忙しかったが、報告書など一枚も書いたことがない。いい授業をしようとひたすら本を読み漁り、ひたすら子どもたちと遊んだ。いまの教師がかわいそうだ」。

ふつう長時間働くというと、その分野の仕事を相当こなしているイメージです。例えばトラック労働者の長時間労働は、トラック労働者がトラックを運転して物資を輸送する時間が長時間に及ぶことです。しかし、日本の教員はそうではありません。長時間働いても、授業準備と子どもと向きあうための時間――最も肝心な教育労働の時間がとれません。教員アンケートで「もし時間があったら何をしますか?」と聞くとどこでも返ってくる答えは、「休みたい」でなく、「授業準備をしたい」と「子どもと向き合いたい」です。「いまの教師がかわいそうだ」――老教師の言葉は、教員の逆立ちした労働を言い当てています。教員たちは「教育改革」の累積から解放されなければなりません。

3 部活動の負担の増加

一 長時間化してきた部活動

部活動は、中学と高校の教員の過重負担の筆頭ともいえます。全国実態調査を見ると、調査ごとにその負担が増えていることがわかります(図表3-8)。

以前は「部活動未亡人」という言葉がありました。夫が部活動顧問に熱心で、朝から晩まで、正月も盆も家にいず、まるで「未亡人」のようだという意味です。結婚いらい家族旅行は皆無というケースもあります。

いまは「ブラック部活」という言葉があります。休みも取れない長時間の拘束。顧問強制のもと、やったこともない競技の顧問となる。自主的な参加のはずなのに全ての子どもへの強制。体罰やしごきなどの横行。今の時代に、その理不尽さはきわだっています。

多くの問題を抱える部活動ですが、話は単純ではありません。

たとえば部活動を重視している教員には、「部活動をしているからヤンチャな子どもが非行に走らない」「自分が教員になったのは、高校生の時の部活動に感動して、その感動を子どもたちと共有したいから」などの思いがあります。じっさい、部活動を通じての生徒の成長は目を見張るものがあります。

子どもたちも、「部活動は二度とやりたくない」という生徒がいる一方で、「自分は部活動が命！」「部活動を批判する先生は、ただサボりたいだけだと思う」という生徒もいます。保護者のなかにも、私生活をなげうって部活動に熱心にとりくむ先生を応援したい気持ちがあります。

図表3-8　中学校教員の部活動指導の時間（週あたり）

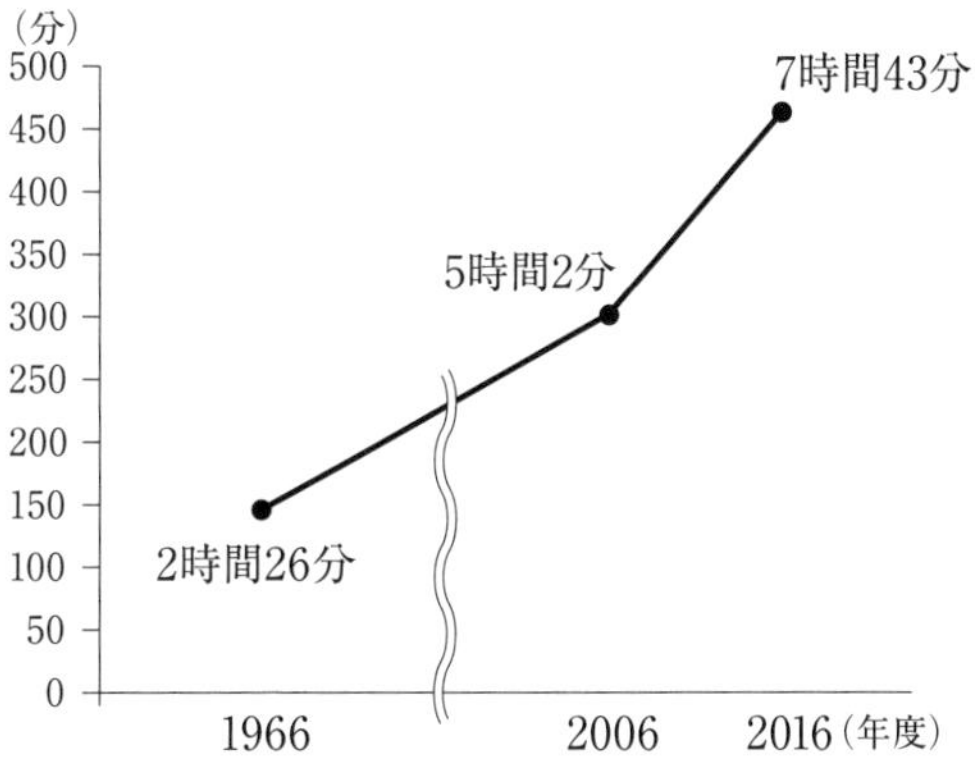

※1966年は補習を含む数値
※2006年は、2016年との比較のため第5期（10月23日〜11月19日）の数値
（出典）文部省「教職員勤務状況調査」（1966年）、文科省「教員勤務実態調査」（2006年、2016年）

二　部活動の抱える矛盾

それぞれの意見に根拠がありそうで、どちらの意見が正しいかで争うのは生産的ではありません。むしろ、部活動のシステム自体に大きな矛盾があり、意見の隔たりはその矛盾からきているいると考えたほうがいいのではないかと思います。

部活動の矛盾の第一は、中高生にとって有意義な活動ではあるが、それを支える体制の保障がないことです。

中高生にとって、廉価で気軽に、スポーツや文化の手ほどきを受けられることは貴重な機会です。私事ですが、私も母校にワンダーフォーゲル部があったからこそ、その後の人生で自然との関係を大事にし、山も安全に続けられてきたのだと思います。同世代と一緒に活動を計画し、友情をはぐくみ人間関係を学ぶことは、その年代に必要な自治活動として意義のあることでしょう。

ところが、こうした部活動を支えるために雇用される固有の職員がいません。基本的に教員たちの善意に頼る以外にないシステムなのです。

一九六六年調査の時のように残業時間も長くなく、部活動指導も一日平均二〇～三〇分程度のものならば、やりくりできるかもしれません。しかし今のように指導時間が長くなり、活動内容が濃くなってくれば、その限りではないどころか、過労死の原因ともなるほどです。

新任教員の母親から電話をもらったことがあります。娘がこの春から高校教員になった。ところが五月の連休も休みが一日しかなく、帰宅は月から金まで夜一二時過ぎ、夏近いが教員になってから休んだ日が二日くらいしかない。その大きな原因が、なり手がいないということで、やったこともないバスケット部の顧問をむりやり引き受けさせられたことにありました。このままでは娘の体は壊れてしまう。学校をなんとかしてほしいという訴えでした。

また、ある高校教員は演劇青年でしたが、教職について早々、演劇部の顧問になることを断念しました。やりたいけれど、それをやったら自分の社会に対する使命である教科の授業がおろそかになると考えてのことです。むろんそうでない選択をする教員もいます。それだけに、様々な意見が出てくるわけです。

さらに教員は、各教科の指導や生活指導のプロフェッショナルであっても、スポーツ指導や文化芸術の育成については必ずしもそうではありません。このことは、根性主義や不合理な練習による心身の故障などをもたらし、運動選手養成からみても深刻な問題です。

部活動の第二の矛盾は、部活動は全生徒が参加しうる「学校教育活動の一環」という位置づけにもかかわらず（学習指導要領）、競技選手をはじめプロフェッショナルの育成の場となっていることです。

全生徒が対象の教育活動の枠で、運動選手を養成することには無理があります。実は、この別物が同居するようになった歴史があります[注4]。その歴史は、同居に難色を示す教育行政と、同居させようとする競技団体・政界との争いの歴史です。結果は、競技団体・政界の勝利で終わり、部活動のエスカレートに慎重だった文部省（当時）は、対外試合の規制を次々に緩和していきます。一九七九年には中学校の大会（年一回の地方と全国の大会）が認められます。

地方大会や全国大会があれば、試合に勝つことが部活動の大勢となります。そうすれば部活動の中心は強い選手であり、試合に勝つための体罰やしごきも容認されやすくなります。同時に、大会で好成績を残せば、内申書やスポーツ推薦入学、プロ選手やコーチへの道など生徒の将来の利益につながるという独特の構造も生まれます。あるいは学校全体の名誉と人気という考え方もうまれます。多くの観客は生徒たちの水準の高い競技に感動することでしょう。これらが全体となって、勝つための部活動を支える原動力となります。

部活動が競技団体としての性格を持てば持つほど、練習と練習試合がふえ、活動は長時間化します。そして、その指導は教員が担うことになります。

こうして大きな矛盾をかかえながら、様々な思いや推進力をもって続いているのが、現在の部活動です。それだけに、その改革は多様な関係者によって検討され実行にうつされることが欠かせません。ここでその絵を描くことはできませんが、指摘した二つの矛盾の解決が必要でしょう。ここでは描かれない部活動のもう一つの矛盾——スポーツ・文化がヒューマニズムと結びついたものなのに、先輩への服従や暴力など人間性を麻痺《まひ》させる要素が色濃く残っていること――の解決が切実であることを述べておきたいと思います。

三　ガイドラインに基づき負担軽減を進め現場の議論で定着させる

大きな矛盾を抱える部活動ですが、当面力をあわせて実現させたいのが、その過重な負担を軽減することです。

この点で注目されるのは、スポーツ庁の「運動部活の在り方に関する総合的なガイドライン」（二〇一八年三月）の存在です。国はこれまでも練習日の制限などの「負担軽減」を通知したことはありますが、守られた試しがありませんでした。ところがこのガイドライン以降、政府全体が教職員の長時間労働の是正をかかげたこともあり、各地でガイドラインの具体化が始まっています。具体的には以下の諸点の推進をはかることが求められていると思います。

○部活動の休養日の設定……国のガイドラインが示した「休養日は週二日以上、土日のどちらか休み」の実施です。休養はスポーツ生理学からも子どもたちの休息・余暇の権利（子どもの権利条約三一条）からも必要なものです。

○新たに導入された「部活動指導員」の活動の在り方……「部活動指導員」は非常勤公務員で教員の代わりに引率などもできます。その指導員が部活の過熱を煽《あお》る側でなく、顧問の教員と連携して部活動の過熱を抑制する側に立つことが大事です。もう一つは、指導員が子どもの権利や教育の条理の理解とスポーツや文化の専門的知見をふまえることです。そのためには指導員の養成や研修、身分保障などが進められる必要があります。

◯部活動の成績……生徒の内申書や顧問の人事評価に反映させることは、部活動の勝利至上主義や過熱の背景になってきました。それを改めていく必要があります。

◯全国大会などの精選……もともと中学には全国大会はありませんでした。しかし今は各種の大会が増加し、そのための練習試合と練習で土日がうまるような状況もあります。大会類の精選にふみこんでこそ、過熱抑制の確かな流れがうまれます。

◯顧問強制をやめる……教員には部活動顧問になる義務はありません。顧問強制はやめるべきです。ましてや発言力の弱い若い教員に顧問を押しつけるべきではありません。なお、生徒への部活強制も正しくありません。

大事なことは、負担軽減を定着させることです。そのためには当事者の生徒、保護者を中心にした本音の議論が必要でしょう。これがなければ、いくら上からの規制をかけても長続きしないし、実りがうまれません。合理的な練習がありそのほうが優れていること、対外試合や練習メニューを決めるのは生徒であること、体罰は生徒の人間破壊であり優れた選手にけっして成長しないこと、そんなことを本音で話し合うことが、部活動の改革の最大の推進力ではないかと思います。

4 不要不急の業務の削減

前々節の「教育改革」に戻り話を続けます。上からの「改革」と業務が積み重なり、教員たちは平均一日一二時間働いても授業準備と子どもと向き合う時間がとれない。この状態は、国民からみて理解に苦しむ状況であり、肥大化した業務の思いきった削減が必要です。

一 「子どもの教育に意義がある」は続ける基準にならない

ところで、「この事業（行事）を減らせない？」と話し合うと、必ず出てくる意見があります。「でも、この事業は子どもの教育にとって意義があるよね」という。

ここで考えないといけないことは、教育的な意味があるかどうかは事業を続けるかどうかの基準にならないということです。教育的に意味のある「良きもの」が大量にあつまれば、反対に教員を潰し結局は教育を劣化させる「悪《あ》しきもの」になるからです。そして、それは杞憂《きゆう》ではなく、いま目の前でおきている現実です。

私たちは子どもへの責任として、真剣に業務を断捨離する必要があります。断捨離の順番ははっきりしています。授業の準備と子どもと向き合う時間（自治的活動を含む）を最優先とし、それ以外のものを有害な、あるいは不要不急なものから廃止していくことです。その選択に教育へのセンスが生きるはずです。

例えば、全国学力テストは新型コロナの緊急事態宣言のもとで中止になりましたが、現場から「中止はひどすぎる！」という悲鳴は一つもあがりませんでした。これに対して、卒業式が縮小になったり、遠足や修学旅行が中止になったりしたことには悲鳴があがりました。何が大切かは現場がよく知っています。

そんな断捨離を以前からしていた小学校がありました。子どもとの関係で不要不急なものを教育委員会、校長らと話し合ってなくしていました。授業の週案（週ごとの個々の教員の授業計画）はとても簡略化されていました。「詳しく書く時間があるなら、教材研究したほうが子どもにいい」という理由です。全国学テ用の対策も何もしないなど文科省や県教委につきあうことはあまりしません。思わず笑ったのは、子どものかぶる黄色い帽子も廃止したことでした。やんちゃな子どもの多い地域です。あれば忘れ物チェックの対象になり、それに時間がかかる。教科書と違って帽子はなくても授業はできるし遊べる。そんなことでなくしたそうです。

お会いしたベテランの先生方は笑顔でした。夕方五時か六時には学校を出ると。「土日はどうしてますか？」と聞くと、一人の先生はやんちゃな子どものような顔で「釣り！」といったあとで、「遊んでいないと、面白い先生になれないよー」と言いました。ただし、中学校は部活動があり、夜八時、九時までかかるとも言っていました。

このユニークなとりくみの出発点は、このままだと教員が疲れ果て、教育がおかしくなるという危機感です。議論して教員と管理職が一致したのは「言われたことを全部やりきってヘロヘロな顔で教壇に立つより、手を抜けるところは抜いてやることはやって元気な顔で教壇に立ったほうが、子どもにいいに決まっている」ということでした。

勇気を出して、子どものために真剣に断捨離を。元気印の学校を全国に広げたいと思いませんか。

二　文科省の「働き方改革通知」の活用

業務削減をすすめるうえで役に立つのが、文科省の通知です。「学校における働き方改革に関する取組の徹底について」という文部科学事務次官通知で、二〇一九年三月一八日に出されました。

国の通知には不十分な面もありますが、異常な長時間労働の是正という切実な声がまずあり、「その状況を早急に是正する」（中教審働き方改革答申）という目的のための通知です。長年、教職員組合運動が求めてきたものも含まれ、人々の声がつくらせた通知といっていいと思います。しかも、国の通知ですから、行政、管理職、教職員の共通の土台になることが重要です。この通知は前向きに活用したいものです。

ところで文科省は毎週のように多くの通知を発出しています。教育委員会や校長、教頭がそのすべてを読むことは率直にいって無理というものです。過去の年の通知となればなおさらでしょう。それだけに、業務削減のためたたかう人は、この通知をいつも手元に置き、教育委員会や管理職に読了して身につけることを求めるくらい重視した方がいいと思います。通知は通知名で検索すれば誰でも手に入れることができます。

この通知で何ができるかみていきましょう。どこから引用しているかは煩雑なので省きますが、通知はいくつかの大項目からなり、その「2　学校及び教師が担う業務の明確化・適正化」という大項目のなかに活用できる項目が少なからずあります（見出しは筆者）。

○今後の教育改革はスクラップ・アンド・ビルドが原則

「8　文部科学省内において今後学校へ新たな業務を付加するような制度改正等を行う際にはスクラップ・アンド・ビルドを原則とし、財務課との相談を経て実施することとしたことを参考に、教育委員会において、正規の勤務時間や人的配置等を踏まえ、教職員の業務量について俯瞰《ふかん》し、学校に対して新たな業務を付加する場合には積極的に調整を図る体制を構築すること」。

要するに、国も地方も少なくとも今後の「教育改革」はスクラップ・アンド・ビルドで、何かしたかったら、何かを廃止するという原則です。この最後の「体制を構築する」とは人員を手当てする意味で、もし新たな負担を課すならば人を新たに雇えということです。少なくとも、この通知以降の「改革」「事業」にチェックをいれ、スクラップ・アンド・ビルドを迫ることができます。

○教員の官製研修の簡素化

「10　教師の研修については、教師の資質能力の向上を図る上で大変重要であるが、都道府県と市町村の教育委員会間等で重複した内容の研修の整理・精選を行うとともに、研修報告書等についても、過度な負担とならないよう研修内容に応じて簡素化を図ること」。

教員の研修とは「研究と修養」（教育公務員特例法第二一条）のことで、一般職員の研修が「職務能率の発揮及び増進のため」（地方公務員法第三九条）とされているのと大きく異なるものです。教育に関する研究、人間的な修養ですから、幅広い視野で自発的に行われてこそ効果があります。そのため、自主的自発的な研修が基本だとされてきました。ところが年を追うごとに国や教育委員会主催の行政研修が幅をきかせ、教員の自主的研修の余裕がなくなっています。本末転倒な話で、しかも官製研修は思わず寝てしまうような形式的なものが少なくありません。思い切った「簡素化」をはかるべきです。

○研究事業の精選

「11　教育委員会の学校指定による先導的な研究や、各種研究会により事実上割り当てられたようなものなどの学校における研究事業については、その必要性について精査・精選するとともに、研究テーマの精選や書類の簡素化、報告書の形式を含めた成果発表の在り方の見直しなど、教師の負担面にも配慮すること」。

ほんとうに実験的で先導的な教育研究を学校を舞台に行うことは、日本の教育を豊かにする可能性があります。しかしそれは、何より現場教師の発意と合意が前提で、それを研究者や行政がバックアップして成立するものです。しかし、日本の研究事業は文科省や教育委員会が発案し、それを学校に割り当ててやらせ、発案者の意に沿うような結果を出さなければならないというもので、実験的でも先導的でもありません。費やされる現場教員の労力は多大で、「引き受ければ学校が荒れる」とまでいわれます。地域によっては教育委員会を大名行列のようにお出迎えし、お送りするという時代錯誤もあります。根本的に改め縮小すべきです。

○標準の授業時数を超えた授業時数の削減

「(5) 教師の働き方改革に配慮した教育課程の編成・実施各学校の指導体制を整えないまま標準授業時数を大きく上回った授業時数を実施することは教師の負担増加に直結するものであることから、このような教育課程の編成・実施は行うべきではない。仮に標準授業時数を大きく上回った授業時数を計画している場合には、指導体制の整備状況を踏まえて精査して教師の時間外勤務の増加につながらないようにすることとし、教育課程の編成・実施に当たっても教師の働き方改革に十分配慮するよう各学校を指導すること。

なお、標準授業時数を踏まえて教育課程を編成したものの災害や流行性疾患による学級閉鎖等の不測の事態により当該授業時数を下回った場合、下回ったことのみをもって学校教育法施行規則に反するとされるものではないこと」。

すでに述べたように、学習指導要領以上に際限なくふえた授業時間数は、子どもの疲労と学習効率の低下をもたらし、教員の長時間労働を助長してきました。全国的に削減をかちとるべき重要事項として位置づける必要があります。また、インフルエンザ休校などで授業時数が減った場合も法令違反にはならないと述べていることも、「予備時数」として多大な授業時数を積み増すことへの歯止めとなります。

○学校での削減は教職員の話し合いで

「教職員間で業務の在り方、見直しについて話し合う機会を設け、その話合いも参考にしながら、管理職は校内の業務の在り方の適正化を図ることができるような学校現場の雰囲気づくりに取り組むこと」。

個々の学校での業務の削減も重要です。その一つは教職員の話し合いの重視です。削減で大事なのは、何を削減していいのか、何を削減してはならないかという選択です。それには多くの教職員の意見にもとづくことが一番です。管理職が教育委員会の顔色を見ながら考えては、誤った選択になりかねません。ある学校で校長がいきなり「遠足をやめにしよう」と職員会議に提案し、すべての先生たちの反対でひっこめたということもあります。

別のある学校では、校長と組合の分会長が職場アンケートをつくり、なくしたほうがいいと多くの声があつまったものを中心に業務の削減をすすめました。PTA総会での学年ごとの担任団の出し物、休み時間のドリルテスト練習などなど多くのものがなくなったそうです。担任団の出し物は見てみたい気もしますが、それは先生たちの働き方が所定労働時間に収まるようになってからの話です。

○高温時のプール指導、早朝練習、研究指定校、休日の地域行事などの例示
「校長は、一部の教職員に業務が偏ることのないように校内の分担を見直すとともに、自らの権限と責任で、学校としての伝統だからとして続いているが、児童生徒等の学びや健全な発達の観点からは必ずしも適切とは言えない業務又は本来は家庭や地域社会が担うべき業務（例えば、夏休み期間の高温時のプール指導や、試合やコンクールに向けた勝利至上主義の下で早朝等所定の勤務時間外に行う練習の指導、内発的な研究意欲がないにもかかわらず形式的に続けられる研究指定校としての業務、地域や保護者の期待に過度に応えることを重視した運動会等の過剰な準備、本来家庭が担うべき休日の地域行事への参加の取りまとめや引率等）を大胆に削減すること」。

学校での削減の二点目は削減対象の例示です。著者が学習会で話す時、このくだりを紹介し、「内発的な研究意欲がないにもかかわらず形式的に続けられる研究指定校としての業務」と読み上げると、どっと笑い声があがります。研究指定事業に苦しめられてきた教員がいかに多いかを感じます。

○学校でつくる計画の見直し
「１　学校単位で作成される計画については、業務の適正化の観点や、計画の機能性を高

めカリキュラム・マネジメントの充実を図る観点から、計画の統合も含め、計画の内容や学校の実情に応じて真に効果的な計画の作成を推進すること」。

削減の三点目は、学校での計画類です。学校には外からではわからない様々な年間指導計画書があります。例えばその一つに、年間授業指導計画書があります。それを詳細につくらせていたある学校では、例えば小学校四年生を担任することが決まったら、一年間分の比較的詳細な授業計画を提出しなければなりませんでした。どんな子どもたちと授業をつくるかもわからないのに、○月○日にはどんな教材でどんなふうに教えるのかを決めなければならないのです。まさに計画のための計画でした。

勤務時間をきちんと測り、改善されなければさらに思い切った対策を

補章1でふれることですが、二〇二〇年四月から教職員の勤務時間把握が管理者の法律上の義務となり、虚偽の報告には懲戒処分もふくめて厳しい措置がとられることになりました。これは大変重要なことです。なぜなら、本当に行われれば、これからは全国の学校で毎週、毎月、勤務時間が数字ででてくるからです。

もし、残業時間がほぼゼロになっていれば、業務削減への圧力は弱まるでしょう。しかしそうでなければ、行政はより本格的に削減に踏み込まなければなりません。それは子どもの教育への責任です。行政は「改革」や「○○事業」を聖域とすることを本当に諦めなければなりません。

勤務時間の定期的な把握を行い、達成できていなければ行政は自分たちの行ったことを切っていく。これを毎年継続していくことが求められています。

三　政府・自治体の過去の負の遺産の一掃

業務削減の最後は、文科省の通知に書かれていないことです。

すでにふれたように、全国学力テスト、教員人事評価、教員免許更新制など過去の「教育改革」は教育にとってマイナスで、教員には逆立ちした長時間労働をもたらしてきました。その廃止は、教員の働き方改革からも真剣に検討しなければならないものです。ところが、国の通知はこれからの「教育改革」はスクラップ・アンド・ビルドすると言うだけで、過去の自分たちが積み重ねてきた「教育改革」は聖域のままです。

すでに通知の時点で平均一日一二時間労働です。これからはスクラップ・アンド・ビルドというだけでは、一日一二時間労働が劇的に変わるとはとうてい考えられません。長時間労働が深刻化した一九九〇年代にさかのぼり、過去の「教育改革」をすべて、いったんやめるべきです。その凍結の解除は、その「改革」事業を復活しないと困ると、子ども、保護者、教職員らが訴え出ることを条件としたらどうでしょうか。教員の勤務が授業準備や子どもと向き合う時間がきちんととれたうえで所定の労働時間内に仕事を終えることが示されないもとで、自分たちの過去の「栄光」に固執することは、その「栄光」の評価を超えて許されないことです。

注1　この上からの「教育改革」は新自由主義と軌を一にしている。松本峻「格差社会と教育における新自由主義」（『前衛』二〇〇六年五・八月号）を参照されたい。

注2　全国学力・学習状況調査。民主党政権下の二〇一〇〜二〇一二年は約三割の抽出調査だが結局、希望により七割、八割の学校が参加した。なお二〇一一年は東日本大震災で、二〇二〇年は新型コロナウイルス緊急事態宣言で中止。

注3　企業をつぶさに研究してきた高橋伸夫（経営学）はこう指摘している。「私の知るかぎりでも、いくつもの企業が成果主義を導入した後、かなり早い時点で失敗したと感じている。華々しく成果主義を導入した先進企業の旧知の人事担当者から、その旨漏らされたこともある。なぜなら、成果主義導入後、評価が始まってみると、皆一種独特な違和感に襲われるからなのだ。客観的な手続どおりに評価をしてみると一番成果を上げたことになる人間が、実は社内評価のあまり高くない人間だったりするのである。」（『虚妄の成果主義』二〇〇四年、日経BP社、のちにちくま文庫）

注4　部活動の歴史的経過は、神谷拓『運動部活動の教育学入門　歴史とのダイアローグ』（二〇一五年、大修館書店）に負った。

第４章　「残業代ゼロ」の矛盾とその打開

〝二割も少ない教員〟が、教育改革の累積などで肥大化した業務を背負い込まされている。ここまでに明らかにしてきた、教員の長時間労働の構造です。

ここで、さらにもう一つの問題を加えます。それは、公立学校の教員はどんなに残業しても「残業代ゼロ」と決められている問題です。近年、教育関係者から「定額働かせ放題」といわれているものです。

労働者への残業代支給は、長時間労働への抑止力の一つです。割高な残業代を払うより、労働者を雇い入れたほうがいいという計算が働くからです。

国際的には、ＩＬＯ一号条約（一九一九年採択、一九二一年発効）で「超過時間に対する賃金率は、普通賃金率の一倍四分の一を下ることを得ず」（六条）と二五パーセント以上割増の残業代の支給が定められています。この一号条約の眼目は言わずと知れた、一日八時間労働制です。日本はこの一号条約をいまだに批准できない不名誉な国ですが、それでも労働基準法で同様のこと（抜け穴が多すぎますが）を定めています。

公立学校教員の「残業代ゼロ」は、異常な長時間労働の要因の一つです。本章で、その法律のしくみと歴史、そしてそれが限界に達し、法律自体を変えなければならない時にきていることを述べたいと思います。

1　残業代ゼロの仕組み――教員給与特別措置法

教員への残業代支給を禁じている法律は、「公立の義務教育諸学校等の教育職員の給与等に関する特別措置法」という法律で、略して「給特法」といわれます。

地方公務員の給与の基本は、労働基準法と地方公務員法で定められています。公立学校の教員はこの二つの法律以外に、さらに特別な措置を取らせていただきますというのが、「給特法」です。法律名の「公立の……学校等」とは公立学校の全てのことで、「教育職員」というのは教員免許状で仕事をしている職員のことで、校長、教頭（副校長）、教諭、養護教諭、栄養教諭、講師などです。学校事務職員や現業の職員は、残業代が支給されます。

「給特法」は六条からなる短い法律です。そのうちの三条、五条、六条に、〝公立学校の教員だけの特別な措置〟の中心点が書かれています。まずは条文にそって、その概略を見ます。

①教員に給与の四パーセントを「教職調整額」として給与に上乗せして支給する

第三条　教育職員（校長、副校長及び教頭を除く。以下この条において同じ。）には、その者の給与月額の百分の四に相当する額を基準として、条例に定めるところにより、教職調整額を支給しなければならない。

教員は給与月額に調整額四パーセント（「百分の四」）を上乗せして受け取ります。調整額は超過勤務手当でなく本棒として扱うと定められ、ボーナスなどの諸手当にもはねかえります。その分を含めると給与月額六パーセント分の手当に相当します。また、退職金などにも反映します。なお校長などが「除く」とされているのは、別に管理職手当を支給されているためです。

②教員には残業代を支給しない

第三条の２　教育職員については、時間外勤務手当及び休日勤務手当は、支給しない。

これが、「残業代ゼロ」の条文です。読んで字のごとしで、労働基準法が命じた残業代支給が否定されています。

③教育職員に関する読み替え規定

第五条は条文が複雑すぎるので引用しません。条文を読み解きたい方は、コラム「給特法第五条（読み替え規定）を読む」（一七〇ページ）をお読みください。

第五条は、法律用語で「読み替え規定」と言われるものです。公立学校の教員は地方公務員なので基本的に地方公務員法が適用されます。その地方公務員法の条文を〝教員に限ってはこう読み替えて下さい〟と条文に書くことで、もとの地方公務員法の適用を外すという立法の一つのテクニックです。

一番重要な読み替えは、地方公務員法が〝地方公務員は労働基準法三七条＝残業代支給の適用を受ける〟としているのを、〝適用を受けない〟と読み替えたことです。これは、先ほどの「残業代ゼロ」を決めた「給特法」と、残業代支給を命じた労働基準法との矛盾を取り除くための措置です。

④教員には法令で定める場合以外は、残業命令を出してはいけない

第六条　教育職員（校長、副校長及び教頭を除く。以下この条において同じ。）を正規の勤務時間［煩雑のため中略――引用者］を超えて勤務させる場合は、政令で定める基準に従い条例で定める場合に限るものとする。

残業代をゼロにすれば労働時間が無制限になる危険があります。そこで、残業命令を出せる範囲を法令で限定してその危険を回避しようとしたものです。これは、四パーセントの調整額支給の代わり残業代はゼロという給与上の特別措置に対応した、勤務時間制度上の特別措置と

いえます。

残業命令を出せる範囲は政令で、(一) 生徒の実習に関する業務 (例 高専での長期の航海)、(二) 学校行事に関する業務 (例 林間学校)、(三) 教職員会議に関する業務、(四) 非常災害等やむを得ない場合に必要な業務、の四つが定められ、「超勤限定四項目」といわれています。法律に基づき、文部政令で基本がさだめられ、それにそって各自治体がそれぞれの条例で定めているものです。

2 「給特法」の制定過程

給与に四パーセントの調整額を上乗せして支給する代わり、何時間残業しても残業代は払わない。そんな法律がどのように成立したのか。その過程にこそ「給特法」の矛盾を解くカギがあります。そこには、法律が必要になった政府の事情があり、試行錯誤がありました。しばらくの間、制定の歴史をたどることにしましょう。

一 残業代を求める裁判で行政側が敗訴

戦後、労働基準法が制定され（一九四七年）、労働時間と賃金の法制は一新します。すでに見たように、一日八時間労働制と残業への割増賃金支給が義務付けられました。公務員は、天皇でなく全体の奉仕者となり、その労働条件も勅令ではなく法律で定められるようになります。一九四八年には「政府職員等の俸給に関する法律」が制定され、公務員全体が新しい給与体系に本格的に移行します。その過程で、教員は一般公務員より一割ほど高い給与水準とされるとともに、「超過勤務手当は、教員には支給しない（宿直、日直は除く。）」とされました。さて、この先は教員の残業は基本的に「超過勤務」という言葉を使うことにし、文脈上その方がしっくりする場合に限って残業と述べることにします。むろん、その内容は同じです。

当時の公立学校の教員は、労働基準法の残業代支給条項の適用を受けていました（ただし、国立学校の教員は国家公務員なので労働基準法適用外）。「超過勤務手当は支給しない」という取り決めは、明らかに労働基準法に矛盾します。そのため文部省（現在の文部科学省）は、矛盾が表面化しないように、教員には超過勤務させないという方針をとります。文部次官通達「教員の勤務時間について」（一九四九年二月五日）は、ある日長く働いたとしても他の日を短く働き、全体として週四八時間労働（当時は週六日労働）に収めることを求め、これを「一週四八時間の割り振り」と呼びました。また同通達は、勤務は学校外でもよく、研修（研究と修養）は勤務時間に含まれ、夏季の勤務を研究等にあてる配慮を校長に求めました。

しかし、超過勤務がなくなることはなく、やがて各地で教員たちが超過勤務手当の支給を求め訴訟を起こします。その嚆矢《こうし》は、京都府を相手どった訴訟で、一九五〇年一一月九日、教員側が勝訴します。判決は小学校教員の勤務に労働基準法の超過勤務の概念を認めることはその労働の性質と相容れないものではないとしました（京都地裁判決。一九五七年、最高裁が京都府の上告を棄却し判決確定）。その後、静岡市（六五年）、静岡県（六六年）、大阪府（六七年）、東京都（六八年）などで次々と教員側が勝訴しました。一九六八年には全国いっせい訴訟の運動も提起されます。

全国の教員の残業代を支払うようになれば多くの予算が必要となります。この事態にどのように対応するか。政府・与党の模索が始まります。

二　全国実態調査の実施、文部省の法改正案は廃案に

その最初の公的文書は、一九六四年八月の人事院報告です。人事院は国家公務員法に基づいて設置された、内閣から独立した行政機関です。その権能の一つが、労働基本権制約の代償措置として、公務員の給与等の労働条件の改善を国会および内閣に勧告することです。

人事院は、給与勧告の附属報告書で次のように検討の必要を認めました。

「現行制度のもとに立つかぎり、正規の時間外労働に対しては、これに応ずる超過勤務手当を支給する措置が講ぜられるべきは当然であるが、他方、この問題は、教員の勤務時間についての現行制度が適当であるかどうかの根本にもつながる事柄であることに顧み、関係諸制度の改正の要否については、この点をも考慮しつつ、さらに慎重に検討する必要がある」。

その翌六五年八月、人事院総裁と文部大臣の会談がもたれ、この問題を検討するため教員の勤務実態を明確にすることで合意します。その結果行われたのが、第1章で紹介したわが国はじめての全国的な教職員勤務実態調査です。

同調査は一九六六年四月から六七年三月までの一年間、全国から抽出した三八五校、七九五〇人の教員の勤務実態を調査したもので、時間外の勤務時間数は一人当たり週平均小学校二時間三〇分、中学校三時間五六分、全日制高校三時間三〇分、定時制高校二時間〇六分でした。

文部省は、八月をのぞく一一ヵ月の平均週当たりの超過勤務時間（小学校二時間三六分、中学校四時間〇三分）から、勤務時間外に報酬を受けて補習をした時間や服務時間内の学校関係団体の仕事に従事した時間などを差し引き、実質的な週当たりの超過勤務時間を小学校一時間二〇分、中学校二時間三〇分、小中学校平均一時間四八分とします。そして、その実質的な超過勤務に相当する超過勤務手当は、給与の四パーセントに相当すると報告しました。

文部省は勤務実態調査の中間報告を一九六七年八月に公表し、その数値にもとづく給与改善予算を翌一九六八年度予算案に計上。政府はその改善予算を執行するための法案を一九六八年三月一日に閣議決定します。その法案は教育公務員特例法の改正案で、①公立教員に給与の月額等の四パーセントに相当する教職特別手当を支給する、②超過勤務手当等は支給しないという、その後の「給特法」の原型のようなものでした。

ところが法案は、労働基準法の例外を設けるにもかかわらず、中央労働基準審議会の審議を経ていませんでした。そのことを指摘され、法案提出後に同審議会の臨時総会で審議されますが結論は出ません。結局、法案は当時の国会の状況もあり、廃案となります。

その後も努力はつづきますが、実をむすびません。

一九六九年、自民党が議員立法で法案を提出する動きをするが、提出できず。

一九七〇年、自民党が与野党共同提案をめざし、社会党などと折衝するが不成功に終わる。

そして登場したのが、この問題の検討の必要を一九六四年に指摘していた人事院でした。

三　人事院「意見の申し出」に基づく「給特法」の成立

一九七一年二月八日、人事院は「義務教育諸学校の教諭等に対する教職調整額の支給に関する法律の制定についての意見の申し出」を行い、その別紙に「教職調整額の支給等に関する特別措置要綱」を掲げました。その主な内容は次のとおりです。なお表現は一部を現代風に改めています。

○立法の趣旨

国立学校の教員の職務と勤務の様態の特殊性に基づき、給与の特例等を定める（立法の段階で公立学校も同様の措置がとられる——著者）

○教職調整額の支給

・教諭、助教諭、養護教諭、講師、実習助手、寮母に、俸給月額の四パーセントに相当する「教職調整額」を支給する（四パーセントは前出の文部省が算出した数字——著者）。

・この「教職調整額」は、手当ではなく、ボーナスなどの算定の基礎にも組み入れられる（その結果、六パーセントの手当の支給に匹敵——著者）。

・教諭等には超過勤務手当、休日出勤手当を支給しない。それらの手当を認めた公務員関係法の適用を除外する。

○時間外勤務の規制

教諭等に時間外勤務を命じ得る業務について、文部大臣は人事院と協議してその範囲を指定する等の基準をつくらなければならない。

読んでわかる通り、この内容はそのまま、本章の冒頭に紹介した「給特法」の中心点に通じています。なお、「要綱」が国立学校の教員を対象としているのは、当時は国立学校（国立大学附属校）が存在し、公立学校の教員の労働条件に関する法制は、まず国立学校の教員（国家公務員）の労働条件を定めたうえで、公立学校の教員（地方公務員）については〝国立に準じて地方自治体で定める〟と規定する構造になっていたためです。「給特法」もそうで、当時はまず国立学校の教員のことが定められていました。なおこの構造は、二〇〇四年、国立大学が独立行政法人化され、国立大附属校が「民間職場」となったために消失します。

人事院の「意見申し出」を受け、当時の坂田道太文部大臣は同日、立法化の意向を表明。立法作業は一気に進みます。

「意見申し出」は中央労働基準審議会にも回されました。前に触れたとおり、労働基準法の適用を除外する法案提出には必要な手続きです。審議会はあっさり法制定を承認します。

一九七一年二月一六日、人事院報告から八日後、「給特法」の法案は閣議決定され、同じ日に国会に提出されました。残業代をゼロとする法案に日教組はつよく反発し、社会党、共産党、民社党、公明党が反対します。衆議院には社会、共産、公明が超過勤務手当の支給などを求める修正案を民社党の賛同を得て共同提案しますが、否決されました。「給特法」は自民党のみの賛成で同年五月二四日の参議院本会議で可決成立し、五月二八日に公布されます。

3 制定時も説明できなかった法の矛盾

「教育職員につきまして、その職務と勤務様態の特殊性にかんがみまして、超過勤務手当制度はなじまないのでその制度は適用しないこととするとともに、新たに俸給相当の性格を有する給与として教職調整額を支給する」――「給特法」案の中心命題を語った坂田文部大臣の答弁です（一九七一年四月一四日、衆議院文教委員会。質問者・山中吾郎議員）。「給特法」制定の最大の動機は、教員に超過勤務手当制度を適用しないことです。法案の核もそこにあり、教職調整額など残余のものはすべてその核から派生しています。

一　教員には超過勤務手当がなじまない？――法案の核心部分が説明できず

問題は、なぜ教員に「超過勤務手当制度はなじまない」といえるのかです。この決定的な説明に政府は成功しませんでした。

この問題の整理に当たった佐藤達夫・人事院総裁の答弁を、少し長いですが引用します。

「要するに教員の仕事の特殊性、これは特にさかのぼれば教育の特殊性ということになると思います。（中略）教員というものは、大体普通の指揮命令のもとに働いている行政職の方々とは違った面がある。すなわち、これらに比べると、教員の方々の自発性あるいは創造性という面に基づく勤務というものが、相当に教職については期待されておるのではないかというようなこと。さらにまた、夏休みその他の長いお休みをお持ちになっておる。この長期の学校の休業期間における勤務の実態というような面においても、これはわれわれ行政職がやっておる勤務の実態とは基本的に違うというような点を大きく踏まえて見ますると、やはり一般の行政事務に従事する職員と同じ扱いにするのは不合理ではないか。すなわち、特に時間的な管理という面におきまして、一般行政職と同じ扱いにするのはどうか。それから先ほどおことばがありましたけれども、そういうことも踏まえまして、勤務時間というのが一応ありますから、われわれは当面勤務時間というものをめどにはいたしますけれども、その勤務時間も外ばかりの問題ではない。内の問題と外の問題、内外にわたってその勤務の実態というものをわれわれとしてはつかまなければいけないということであります。したがいまして、すべての勤務時間を超えた部分について、これを時間的に計測するというような面も含めて、要するにその勤務について超過勤務手当の制度というものは、これはなじまぬという結論に達しました。これは私ども自信を持っております。」（同前。質問者・谷川和穂議

員）

参議院での佐藤人事院総裁の説明も基本的に同じで、参議院での表現も含めて政府の論建てを整理すれば、次のAからDに整理できます。

A　教員の仕事は、指揮命令で働く一般行政職と異なり、自発性・創造性が期待される職である。逆にたとえば税務署の役人に自発性・創造性を発揮してもらったら困る。

B　自発性・創造性は勤務時間のあり方に関係してくる。授業時間は拘束されているが、例えば夏休み中の勤務時間は校長の許可のもと自宅で研修を行うなど有効に利用している。

C　こうした一般行政職と異なる教員勤務は、すべてストップウォッチを握ったような形での時間的計測、時間的管理はなじまない。

D　したがって、「すべての勤務時間を超えた部分」を時間的計測することも含め、超過勤務手当の制度はなじまないという結論に達した。

この論建ては、Cまでは筋が通っていると思います。

第一。教員の仕事は自発性・創造性が必要であること（A）。これは教育の本質的な要請といえます。教員が上司の指揮命令によって業務を遂行していたのでは、子どもへの責任がとれません。国際的にも、教員は自律性が保障されるべき専門職だと認められています（ＩＬＯ・ユネスコ「教員の地位に関する勧告」一九五六年）。

第二。自発性・創造性が必要な教育活動は勤務時間の境目があいまいになる場合がある（Ｂ、Ｃ）。たとえば教員は時と場合によっては教育上の課題（例えば授業づくり、いじめや授業崩壊への対応などなど）を四六時中考え悩み、時に調べものをしたり、他の専門家に聞きにいったりすることがあります。その時、どこまでが勤務時間なのか境目は微妙です。また当時の夏休み中の勤務は自宅などでの研修が中心で、ストップウォッチで測るようなものではなかったと思います。

第三。その意味では、教員の「すべての勤務時間を超えた部分」（全残業時間）を、ストップウォッチで測ることは難しいといえます（Ｄの前半）。

しかし、「すべての勤務時間を超えた部分」（全残業時間）は計測になじまないということは、その一部が時間計測になじむことを否定するものではありません。実際、成績つけや授業準備のための残業は基本的に計測可能です。人事院もいう教員勤務の自発性・創造性及び勤務の実態からいえることは、教員の超過勤務には、計測できる部分と計測がたいへん困難な（人事院流にいえば「なじまない」）部分があるということです。ところが、人事院は「なじまない」部分があることを根拠に、なじむ部分を含めて全部が計測に「なじまない」としたのです。これでは論理の辻褄があいません。一部が計測になじまないからと言って、その他の部分も計測になじまないとはできないからです。

こうして政府・人事院は「なぜ教員に超過勤務手当制度はなじまないのか」という問いに答えられていません。法案の核である「残業代ゼロ」の根拠は、はじめから不明だったのです。根拠がなければできないのに根拠がない――「残業代ゼロ」は矛盾です。

二　四パーセントの教職調整額の説明の混迷

「残業代ゼロ」が矛盾であれば、そこから派生した残余の規定も矛盾をかかえこまざるをえません。「残業代ゼロ」と引き換えに新設した四パーセントの教職調整額とは何か。労働時間が無制限になる危険はないのか。当時の国会での説明を追ってみましょう。

まず教職調整額の説明です。

教職調整額四パーセントは、教員の勤務実態調査に基づく実質的な超過勤務時間（前出、小中学校平均で週一時間四八分）に相当する手当です。ところが、政府はそう説明しながら同時に、その説明を打ち消します。

「教員の勤務の特殊性というものを、正規の勤務時間の内と外とにまたがって包括的にこれをとらえ、そしてこれを評価する。その再評価の結果、今回のような教職調整額というものをここに差し上げるという形が望ましい形ではあるまいかということで、意見の申出を申し上げたわけです」(佐藤人事院総裁、同前)。

人事院のいう「正規勤務時間の内と外とにまたがって」とは、正規勤務時間内と時間外とを合計する意味ではなく、逆に時間の概念を含まない勤務全体のようなものを想定することを意味します。こうして教職調整額は、時間の概念を抜き取ってえられる〝包括的な勤務〟なるものへの対価の一部となります。だから、どの程度残業しているかにかかわらず、教員であるという理由で一律に支給されるのです。

超過勤務の時間から算出しながら、勤務時間と関係ないものとして定立される。まるで手品のような話です。これは計測できる超過勤務時間がありながら、すべての超過勤務時間を計測できないとした矛盾からくる矛盾です。

教員たちが給与四パーセント相当の超過勤務時間(週一時間四八分)で働きつづけるのなら、この矛盾は表面化しないかもしれません。しかし、超過勤務時間が大幅に増えたらどうでしょうか。例えば給与二〇パーセント相当の超過勤務を一年間行っても支給されるのは四パーセント分といった場合です。その時、矛盾ははっきり表面化します。

三　「労働時間が無制限にならないか」への答弁

残業代がゼロとなれば労働時間が無制限になるのではないか。この問題は野党が法案に反対した最大の理由で、国会の法案審議でも繰り返しとりあげられました。山中吾郎議員（社会党）と坂田文部大臣とのやりとり（同前の委員会）に即してみてみましょう。

山中（吾）議員は、公立学校の教員の超過勤務の過酷な実態をあげつつ、「超過勤務命令は出せる、手当はやらぬ」法律を通すだけでは、労働はいっそう過酷となることを指摘します。

これに対し、文部大臣は法案の条文に即してというより、条文以外の事情から説得しようとします。

第一。「私は先生方を守る立場にあるわけでございまして、いやしくもこの法案が通ったからといって、鬼の首を取ったように教育委員会あるいは学校長をして先生たちを追いまくるというようなことは毛頭考えていない」。文部省を信じてほしいということです。

第二。「歯どめにつきましても、人事院と私と協議をしてきめるということになっておるわけでございます」。その具体化が、すでにみた「超勤限定四要件」（一三八ページ）です。この勤務時間の特例が歯止めにならなかったことは、後ほどみることになります。

第三。「教職員組合もございましょうし、世間の目もございましょうし、野党の皆さん方の鋭い御批判の目もあるわけでございますから、あり得ない」。監視する勢力がいるから心配ないということです。

第四。「万に一人か二人ぐらい、べらぼうな教育長やあるいは学校長がないとはいえない。そういう場合には、先ほど申されたような行政措置等の救済措置もあるわけでございます。国会の場もあるわけでございます」。過酷な労働となれば、行政措置（人事委員会の調停）で是正できるから大丈夫というものです。しかし、人事委員会はその後その役割を果たしませんでした。

大臣は答弁を「法律そのものを冷酷無情に見るならばおっしゃるとおりだと思いますけれども、山中さんの常識からいうならば、そういう批判は起こり得ないなと心の中ではひとつ感じていただきたい」と締めくくっています。

法律への懸念に対して、「おっしゃるとおりかもしれない」と認めながら、実際には「起こり得ないと心のなかで感じていただきたい」と説得する。この答弁ぶりにも法案の矛盾が集約されているといえます。

四　法制定から半世紀——政府の約束は空証文だった

「給特法」制定から半世紀、教員たちは一日平均一二時間に及ぶ勤務に追われています。

「先生たちを追いまくるというようなことは毛頭考えていない」という文部大臣の言葉は空証文でした。最大の教訓は、残業代支給は長時間労働の重要な歯止めであり、なくしてはならないということにつきます。残業代支給をなくすことの意味を、ここであらためて整理しておきましょう。

第一に、残業代を払わないことは、残業時間の計測を不要にします。これによって労働の過酷さは見えなくなります。実際、教員の過労死が起き各地で長時間労働が問題になってもなお、教員の勤務時間は長い間、誰からもチェックされませんでした。

第二に、残業代を払わないことは、業務量の増大についての使用者のコスト意識を失わせます。民間企業であれば、使用者が何か新しい事業を起こすということは、それを担う労働に対する対価を払うことに直結します。既存の労働者数でこなす場合は残業への割増賃金が、あるいは新規労働者を雇い入れる場合はその賃金のための資金が必要です。それができないなら、思いとどまるか、別の事業をやめてスクラップ・アンド・ビルドとなるでしょう。ところが残業代ゼロなら、いくら働かせても追加の資金はいりません。いきおい、ビルド・アンド・ビルドで業務量が際限なく増えていきます。

ところで、もし今の教員に残業代を支給すればいくらになるでしょうか。文部科学省は小中学校でざっと年九〇〇〇億円（国庫負担分は三〇〇〇億円残りは地方負担）という数字を示しました（「学校における働き方改革特別部会（第八回）平成二九年一一月二八日」）。これは約一四万人の教員の給与に相当します。一四万人という規模は、現在の公立小中学校の教員（校長なども含む）の四分の一にあたります。

4　矛盾は極限に達す――「給特法」改正の探究

今日の教員たちの置かれた過酷な現実は、残業代ゼロの矛盾が極限に達したものといえます。是正を求めて多くの裁判がたたかわれてきました。司法の場では、過酷な労働の解釈と法の論理をめぐって必死の攻防が繰り広げられます。その流れをみると、「給特法」の矛盾とそれを打開しようとする人々の知慮が見えてきます。

一　超過勤務は勤務時間にあらず――「給特法」の論理と大府判決

「給特法」は教員たちが長時間労働の是正を求めたとき、それを拒む冷酷な壁となりました。そのからくりをまず説明し、それが適用された判決を紹介します。

裁判で争う場合、その労働が労働基準法上の労働かどうかが重要な争点となります。労働基準法上の労働とは、「一般的に、使用者の指揮監督のもとにあることをいい、必ずしも現実に精神又は肉体を活動させていることを要件とはせず」（労働省労働基準局編著「労働基準法上」三六四ページ）というものです。例えば荷揚げ作業を行う港湾労働者の場合、船が着くまでの待ち時間も労働時間です。使用者の指揮監督があるかどうかがカギです。

教員の所定勤務時間はもちろん勤務時間です。教員をそれ以上働かせる（超過勤務させる）には、使用者の職務命令が必要で、それが指揮監督の証《あかし》とされます。「給特法」は職務命令を出せる勤務を学校行事など四要件に限定し、それ以外には超過勤務命令を出せないように定めています。では、例えば仕事が終わらず退勤定刻から三時間、授業準備やテストの採点をした場合、その三時間は労働時間でしょうか？　「給特法」の答えは「否」です。同法では授業準備などの業務では超過勤務命令はだせないので、その三時間は超過勤務命令に応じた労働ではなく、労働基準法上の労働ではないとされるのです。実態は明らかに労働なのに、法律的には労働ではないとされる。「給特法」の矛盾が顔をのぞかせます。

このことは国も織り込み済みでした。「給特法」の成立を受けてつくられた文部省の解説書は、超勤限定四要件の条文に関して、「現在でも多く行われているような教員の自主性に基づく教育活動は今後は行われてはならないこととなるということでもない」と述べていました（文部省初等中等教育局内教員給与研究会、『教育職員の給与特別措置法解説』、一九七一年）。

こうして「給特法」の世界では、教員の日常的な残業は、自主的な教育活動であっても、労働ではありません。

それが露骨に示されたのが、教員の超過勤務をめぐる名古屋地裁の大府判決です（一九九九年一〇月二九日）。

同裁判は、愛知県大府市の元中学校教諭の深谷巌さんが、愛知県と大府市を相手に、違法の超過勤務命令により長時間労働を強いられ精神的苦痛を被ったとして、一〇〇万円の損害賠償を求めて争ったものです。深谷さんは中学三年の学年主任で一九九九年の一月から二月の学年末、生徒たちの高校受験にかかわる業務などに忙殺され、二ヵ月間で一〇〇時間以上の残業を行いました。しかし、裁判所は深谷さんの一〇〇時間以上の残業は、教員が自主的自発的に行ったものであり、労働ではないと判示し、訴えを退けました。

例えば、生徒の進学に必要な調査書（私立高校用）や入学願書（公立高校用）の作成（それが間に合わないと生徒は高校受験ができなくなる）のため、校長は残業する深谷さんに校長職印を手渡しています。判決は、これは深谷教諭が「自発的、自主的に作業するのに協力する趣旨で学校長職印を渡したにすぎず、時間外勤務を命ずる意思はなかったものと認められる」としました。

夜八時四〇分頃、校長からその日のうちに調査書を完成させるようにと命じられ夜一一時過ぎまで勤務したことも、校長が深谷教諭に「『がんさん、頼むぞ。』と述べて帰宅したことはあったが、右は、自発的、自主的に作業をしている原告に対する激励の言葉であり、時間外勤務を命じたものでないことは明らかである」としました。

一事が万事この調子で、すべてが「時間外勤務を命じたものでないことは明らか」とされました。判決は、「教員の本来の職務に付随する業務」であれば、どんな遅くまで残って働いても、「自発的、自主的な作業」であり、それが「給特法」制定の趣旨であるという精神に貫かれています。二〇〇三年三月二八日、最高裁は上告を棄却、判決は教員敗訴で確定しました。

教え子の進学に欠かせない書類準備も労働ではないと判示する。矛盾に満ちた法律は、長時間労働が凄みをますその時に、教員に牙をむいたといえます。

なお、この論理は行政側の論理であり続けてきたものです。たとえば遺族が過労死だと労災認定を申請しても、それは自主的に行った教育活動によるもので、勤務によって起きたものとは言えないとされ、多くの労災申請が却下され続けてきました。

二　勤務時間と認める動き――鳥居裁判、働き方改革における勤務時間把握

こうした冷酷な論理に納得できない各地の教員や家族たちは、教職員組合の仲間や労働弁護団とともにたたかい続けました。この時期は、教員以外もふくめ過労死が増え、過労死問題が大きな社会問題となっていった時期でもあります。人々のたたかいのなか、ついに政府も是正に乗り出します。二〇〇一年一二月一二日、厚生労働省は「脳血管疾患及び虚血性心疾患等

（負傷に起因するものを除く。）の認定基準について」を通知。この過労死ラインは過労死の認定の基準となり、裁判でも遺族側の訴えを立証する重要な根拠となっていきます。

そして、教員の超過勤務をめぐる判決にも大きな変化が起きました。

鳥居判決、「包括的職務命令」論で公務と認定

二〇一一年、名古屋地裁はいわゆる鳥居判決で、「包括的な職務命令」という考え方を採用して、次のように教員の超過勤務を公務と認定しました。

「教育職員が所定勤務時間内に職務遂行の時間が得られなかったため、その勤務時間内に職務を終えられず、やむを得ずその職務を勤務時間外に遂行しなければならなかったときは、勤務時間外に勤務を命ずる旨の個別的な指揮命令がなかったとしても、それが社会通念上必要と認められる限り、包括的な職務命令に基づいた勤務時間外の職務遂行と認められ（「給特法」による包括的な手当で想定されている職務遂行にあたるといえよう。）、指揮命令権者の事実上の拘束力下に置かれた公務にあたるべきであり、それは、準備行為などの職務遂行に必要な付随事務についても同様というべきである」。

校長の指揮下で任務分担（校務分掌など）された業務を遂行するための勤務は、具体的な職

務命令がなくても、「黙示的な職務命令」のもとで行われている公務だという判断です。これは、先ほどの大府判決が、「明示又は黙示の職務命令による超過勤務」という教員側の訴えを退けたことと対照をなすものといえます。「給特法」の機械的適用により、「限定四要件」以外の超過勤務は勤務ではないというのは、実態とあまりにかけ離れています。鳥居判決は過労死の再発防止が社会的課題となったもとで、実態にそった論理を提供したといえます。

この裁判は、中学校の教員だった鳥居健仁さんがおこしたものです。鳥居教諭は二〇〇二年九月一三日、生徒とともにユニホック（ユニバーサル・ホッケー）の模範試合を行ったあと倒れ、もやもや病（頭蓋骨《ずがいこつ》内部に血管狭窄《きょうさく》・閉塞により形成された異常血管網の破裂による脳内出血）と診断。精神症状と身体麻痺《まひ》を発症し、入院をふくむ治療とリハビリを余儀なくされました。倒れた日は学校祭の初日にあたり、先生は夜警のため前夜から泊まり込んでいました。働き盛りの四二歳の時のことです。

判決は、鳥居教諭の公務を以下のように認定しました。

平日　朝七時半から午後七時半ないしは八時まで（朝一〇分間、午後五分間は除く）
土曜日　朝七時半又は八時から正午（陸上部指導）
日曜日　朝七時二〇分又は八時から午後〇時三〇分
夏休み　連日のように部活動指導、教材研究、学校祭準備、勉強の指導、水泳の指導

春休み　連日、部活指導と学校事務等に従事

そして、「本件脳出血が発症する前六ヵ月間」の時間外労働時間を以下のように認定します。

発症前一ヵ月間　八六時間一〇分
発症前二ヵ月間　一四六時間三〇分
発症前六ヵ月間　七二時間（一ヵ月当たり）

過労死ラインは、①発症前一～六ヵ月間にわたり一ヵ月あたりおおむね四五時間を超える時間外労働、②発症前一ヵ月間に一〇〇時間、あるいは二ヵ月間に一ヵ月間八〇時間を超える時間外労働です。鳥居先生の働き方は、①の過労死ラインを大きく超えています。

判決は「原告は、長期間にわたって、労働密度の高い公務に日々長時間にわたり従事し、その身体に高度の肉体的・精神的疲労の蓄積を生じさせていたところに、本件脳出血の発症直前に、ユニホック競技の模範試合によって急性かつ相当程度強度の肉体的負荷を受けたと認めることができ、この一連の経過は、本件脳出血を発症させるに十分な蓋然性《がいぜんせい》を有する」とし、行政側の公務外災害とする決定を覆しました。同判決は、二〇一五年二月二六日、最高裁第一小法定が行政側の上告を棄却、確定しました。

「在校等時間」──「働き方改革」のなかでの変化

行政も以前と同じ対応ではすまなくなりました。その変化の一つが、教員の働き方改革の施策である、勤務の「上限ガイドライン」の制定です（文科省初中局長通知「公立学校の教師の勤務時間の上限に関するガイドラインの策定について」二〇一九年一月二五日）。国は一ヵ月当たりの超過勤務を四五時間以内にするなどをガイドラインとしました。

ここで問題になるのは、同ガイドラインにおける超過勤務とは何かです。「給特法」を機械的に運用して、「超勤限定四要件」の業務のみを超過勤務の対象とすれば、教員の超過勤務はわずかな時間となり、教員の働き方を変える必要もなくなってしまいます。

そこで国は「在校等時間」という概念をつくりだしました。上限ガイドラインにおける「勤務時間」は、「給特法」上の「勤務時間」（すなわち、労働基準法上の労働時間）ではなく、「在校等時間」としたのです。「在校等時間」とは、学校にいて管理職の包括的な指揮監督のもとに仕事をしている時間（在校時間）に、出張やテレワーク等の時間を加えたもので、要するに、実際に勤務した時間です。その時間のうち、法定勤務時間におさまらなかったものがガイドライン上の超過勤務時間です。

ところで、長時間労働者には医師面接が義務付けられていますが、そこでの労働時間は労働基準法上の労働時間によるとされています。医師面接は労働安全衛生法という労働法制の下にあるためで、「在校等時間」がいくら長くても医師面接にはつながりません。しかしそれではあまりと思ったのか、なお書きで、「より一層、教師の健康を確保する観点から、『在校等時間』も踏まえ、面接指導の実施又は面接指導に準ずる措置を講じるようにお願いします」としています（「ガイドラインの運用に関わるQ＆A」）。

「在校等時間」の新設は重要な前進です。同時にそれは、「給特法」では教員の実際の超過勤務を把握することができないことを示しています。その法では労働者の残業時間すら把握できない労働関係の法律とは何なのか？　「給特法」の存在理由が問われています。

三　法の前提を没却した法は停止されうる

鳥居判決の少し前ですが、「給特法」そのものの合理性を問う判決がくだされました。二〇〇七年九月二七日、北海道の教員が超過勤務手当そのものの支給を求めて争った北海道時間外勤務手当請求事件についての札幌高裁判決です。

裁判での教員側の主張はつぎのようなものです。

――「給特法」の条文をそのまま読めば、教員は四パーセントの調整額の支払いによって無定量の時間外勤務等を義務付けられることになってしまう。

――これでは〝一日八時間以上、週四〇時間以上働かせてはならない〟という労働基準法三二条が教員に適用されている趣旨に反する。

――「給特法」で残業代支給の適用を除外するのであれば、それに代わる別の保護規定が必要。それがないことは、勤労条件に関する基準は法律で定めるとした憲法二七条二項に違反する。

――「給特法」の制度が合理性を持つのは、月六時間二四分程度の時間外勤務すなわち法制定の基礎となった一九六六年の教員勤務実態と大差のない場合に限られているというべきである。校内時間外勤務だけでもその三倍をこえる北海道での実態は、制度の合理性が失われているといえる。

この訴えは、「給特法」が合理性を喪失していることの正面からの問題提起です。

これに対し札幌高裁は、次のような判断を行いました。

「『給特法』、給特条例制定の趣旨からすると、教育職員がプロフェッションの一員であるとの自覚のもと、自主的に正規の勤務時間を超えて勤務した場合には、その勤務時間が長時間に及ぶとしても時間外勤務等手当は支給されないと解するのが相当である。しかし、時間外勤務等を行うにいたった事情、従事した職務の内容、勤務の実情等に照らし、時間外勤務等を命じられたと同視できるほど当該教育職員の自由意志を極めて強く拘束するような形態で時間外勤務等がなされ、そのような時間外勤務等が常態化しているなど、「給特法」、給特条例が時間外勤務等を命じ得る場合を限定した趣旨を没却するような事情が認められる場合には、給特条例一四条、一五条（超過勤務手当、休日勤務手当――引用者）、労働基準法三七条（残業代支給の義務――引用者）の適用除外を定めた趣旨も没却しているとして、その適用を認めるのが相当である」。

自由意思による教育活動には残業代は支給されない、それは四パーセントの調整額に含まれているという点では従来通りの法解釈ですが、自由意志をきわめて強く拘束するような時間外勤務が常態化していればその限りではないとした点が新しい点です。そして、そうした時間外勤務は、時間外勤務を限定したうえで残業代支給の適用除外を定めた「給特法」の趣旨を没却（無視）したものである以上、「給特法」のもとでも残業代を支給しなければならないとしました。この判決は、「給特法」の停止が法の趣旨の没却のもとでは当然であることを合理的に指摘した判決といえます。

ただし判決は、教員側の敗訴でした。それは、教員らの超過勤務についての事実認定において、裁判所が〝自由意志を極めて強く拘束されているとはいえない〟と判断したためです。その理由は、教員らの超過勤務は、超過勤務せざるを得ないような量の任務分担を職員会議などで自ら合意しているから、自由意志による超過勤務だというものです。しかしこれは、裁判所が学校現場の現実を「没却」しているといわざるをえない判断です。

教員の時間外勤務のほとんどは、自由意志でやってもやらなくてもよいものではなく、これまで紹介してきたように、生徒の進学のための必須の書類書き、テスト問題作成や採点、部活指導、文化祭準備などなど、教員の誰かがその時にやらなければならないことで満ちています。そうした必須の業務を自らの意思で、残業覚悟で引き受けることは、たとえばよき教員になるために教育学や自然科学、社会科学の古典を自由意思で読むこととは同一視できません。

もし、判決が合理的な事実認定を行い教員勝訴となり、それが最高裁で確定すれば、日本の教員は毎年九〇〇〇億円の残業代を手にすることになった可能性があります。年一兆円規模の歳出につながる判決は裁判所にとっては荷の重いことだったかもしれません。しかし、真理・真実に忠実に、法の番人であることが裁判所の使命のはずです。

それでもなお、立法の前提を没却していればその法は停止されると司法が判断したことは重要です。立法の前提を没却している現実は覆い隠し続けられるものではありません。「給特法」の矛盾は極限に達し、もはや作り直す以外ない段階まできているといえます。

四 「残業代ゼロ」規定の廃止――「給特法」改正の探究

「残業代ゼロ」の規定を廃止する「給特法」の改正は必ず行われなければなりません。

ここでは、この問題を考える素材として、「給特法」が成立にむかう過程で日本共産党が行った一つの対応を紹介します。

それは、「給特法」提案の直前、一九七〇年一〇月のことです。成立過程のところで紹介したようにその年の前半の国会で議員立法をめざした自民党の動きは挫折していました。その後、一一月から始まる臨時国会に、文部省が特別立法の動きをみせます（結果的には未提出）。特別立法は、①教員に超勤手当を支給しない、②労働基準法三六、三七条を適用除外とする、③四パーセント相当の給与アップを行うというものでした。

この動きに対し、日本共産党の機関紙「赤旗」（当時）は、「教員の超勤制度をめぐる統一要求について」という論文（以下「論文」）を発表します（一九七〇年一〇月九日付、巻末資料）。「論文」は文部省案について、超勤制度（残業代支給）確立の要求を踏みにじり、わずかな給与改善（四パーセントアップ）と引き換えに、無定量な長時間労働をおしつけるものと分析します。基本的に間違いのない分析と思います。

注目されるのは、「論文」が教職員の動向をリアルに分析していることです。そのなかで、超勤制度の確立を支持する人々のなかにも、給与四パーセントアップなら今よりましではないかといった意見が数多くだされていることを指摘します。

そして「このような意見を無視したり、そのままにして超勤制度確立という基本的要求だけで闘争をすすめれば、反動勢力の分裂策動に乗ぜられる危険をみずからつくり出す結果となる」と注意を促します。その上で「論文」は、現局面で広範な教職員が団結しうる要求を定めることを重視し、要求の基本として次の三点を提案しました。

第一、労働基準法の適用除外に反対し、超勤制度を確立して無定量な長時間労働を規制する。

第二、自主的研究など労働時間として測定することが困難な時間外労働に見合うものとして、本俸の四パーセント以上の引き上げを要求する。

第三、管理職手当の増額、管理手当新設などへの反対と大幅賃上げによる給与格差の是正（特別立法に管理職手当の増額、主任などへの管理手当の新設がもりこまれていたため）。

重要なことは、国が「残業代ゼロのかわりに四パーセントの賃上げ」という提案をしてきた時に、「全部反対！」とせず、「残業代ゼロに反対し、四パーセントの賃上げに賛成する」という、教職員全体が団結できる基本方向を示したことです。

もう一つ重要なことは、「四パーセントの賃上げ」の独自の根拠を示したことです。〝四パーセントの賃上げは実際の残業に相当するもの〟という国の土俵に乗れば、四パーセント賃上げか残業代支給かという二者択一の道にはまってしまいます

「論文」の根拠は、次のような教育労働の独特の性格から出発する堂々としたものでした。

「一般的にいって、教員といえども資本主義社会のもとでは当然のことながら労働力を売って生活することを余儀なくされています。これはだれも否定することができない現実の姿です。しかし教員の労働は、その対象、目的にかんしては、他産業のように物を生産する労働と区別される独自な性格、つまり、人間を対象とし、人間に働きかけるという特殊性をもっています。そこから、教員の超過労働の実態についてその時間を明確に測定できるものと、自主的研究など直ちに測定しがたい側面とがあります」。

教員の残業には、時間測定可能な部分と測定困難で事実上測定できない部分がある。「給特法」の成立過程の部分で論じたことでもありますが、この点に立脚してこそ、「給特法」の「残業代ゼロ」の論理を打ち破れるのです。

以上の見地は、「残業代ゼロ」の規定を廃止する「給特法」の抜本的改正の姿を検討する上でも参考になると考える次第です。今日の局面にたって創造的な検討を進めたいと思います。

最後に、触れる機会のなかった論点を二つだけ補足します。

——計測できない部分は四パーセントの調整額でいいとして、計測可能な残業代支給をどう計算するのか。全日本教職員組合は、四パーセント分の時間を超えた部分に支給すると提案しています。[注1] これは、労働法制と判例などをふまえた提案で、国民の気分感情にもよりそったものと思います。さらに残業時間計測のあり方の検討も必要でしょう。たとえば新任教員で授業準備その他必須の校務に半徹夜をする場合は少なくありません。かたや子育て中の若手教員は濃縮した短い時間で準備をするかもしれません。現場で働く教員たちが納得できる教員らしい残業代のしくみの検討が必要です。

——「給特法」は「改正」ではなく「廃止」という選択肢はないのか。「給特法」を廃止するとニつの問題が生じます。一つは、残業命令に強い限定をかけている条項が廃止されてしまうことです。残業命令の範囲を地方公務員法と同じにすれば、教員の残業は上司の直接の指揮下におかれ自発性創造性が奪われる危険が生じます。教員がこの日は残業が必要ないと判断しても校長から残業せよと命じられる、あるいはその逆のことが可能になるからです。いま一つは、四パーセントの調整額がなくなり、測定になじまない残業への対価が失われます。

なお、「教員は労働者であり、その教育労働には特殊性がある」という「論文」の見地は、その四年後、「教員は労働者であり、子どもの成長に直接責任を負う教育の専門家である」という、民主的教師論に結実しました。この立場は、私たちが教員の問題を国民の立場から検討する地平を開いたものでした。[注2] その源流が「給特法」への対応のなかで生まれたことは、感慨深いものがあります。

注1 「給特法改正の基本方向に関する提言」（全日本教職員組合〔全教〕常任弁護団、二〇一一年一月一五日）

注2 藤森「民主的教師論の今日的意義」、『教育の新しい探求』（二〇〇九年、新日本出版社）収録

コラム 「給特法」第五条（読み替え規定）を読む

「給特法」第五条の中心的内容が、公立学校の教員にかぎって残業代支給（労働基準法第三七条）の適用を外すことにあることは、本文で述べました。そのための「読み替え規定」という法律上のテクニックがあることも。

「読み替え規定」とは、法律ではこう書いているが、この対象（ここでは教員）にかぎっては適用しないなどと読み替える別の法律をつくることです。「給特法」五条は五つの

「読み替え規定」を含み、その一つが冒頭述べた残業代に関する適用除外です。

では「読み替え規定」を読んでいきましょう。ただし、本コラムは本筋を追う上では読み飛ばしても問題のないことをあらかじめお断りしておきます。

まず、五条の全文を掲げます。《A》～《E》の記号は、筆者が五つある「読み替え規定」の区切りを示すために挿入したものです。

（教育職員に関する読替え）

第五条　教育職員については、《A》地方公務員法第五十八条第三項本文中「第二条、」とあるのは「第三十三条第三項中「官公署の事業（別表第一に掲げる事業を除く。）」とあるのは「別表第一第十二号に掲げる事業」と、「労働させることができる」とあるのは「労働させることができる。この場合において、公務員の健康及び福祉を害しないように考慮しなければならない」と読み替えて同項の規定を適用するものとし、同法第二条、《B》「第三十二条の五まで」とあるのは「第三十二条の五まで、第三十七条」と、《C》「第五十三条第一項」とあるのは「第五十三条第一項、第六十六条（船員法第八十八条の二の二第四項及び第五項並びに第八十八条の三第四項において準用する場合を含む。）」と、《D》「規定は」とあるのは「規定（船員法第七十三条の規定に基づく命令の規定中同法第六十六条に係るものを含む。）は」と、《E》同条第四項中「同法第三十七条第三項中「使用者が、当該事業場に、労働者の過半数で組織する労働組合があるときはその労働組合、労働者の過半数で組織する労働組合がないときは労働者の過半数を代表する者との書面による協定により」とあるのは「使用者が」と、同法」とあるのは「同法」と読み替えて同条第三項及び第四項の規定を適用するものとする。

五条がいっているのは、教育職員には地方公務員法が適用されているが、そのうち《A》～《E》の五カ所については、「○○」と書いてある部分を「××」と読み替えて適用する、ということです。読み替えはいずれも地方公務員法第五八条の読み替えです。同条は地方公務員が適用除外とされる様々な法律の様々な箇所を列挙したものです。《A》～《D》は同条第三項の、《E》は第四項の読み替えです。

以下、《A》から《E》までの読み替えを解説します。

《A》臨時の必要があれば残業を命じられるようにする

読み替え前　「〔労基法〕第二条、」。

読み替え後　「〔労基法〕第三十三条第三項中「官公署の事業（別表第一に掲げる事業を除く。）」とあるのは「別表第一第十二号に掲げる事業」と、「労働させることができる」とあるのは「労働させることができる。この場合において、公務員の健康及び福祉を害しないように考慮しなければならない」と読み替えて同項の規定を適用するものとし、同法第二条、」。

（〔　〕及び傍線は引用者）

よく見ると「第二条」は同じです。要するに、傍線部分の追加ということです。

追加は二つの読み替えです（傍線の切れ目が区切り）。

第一の労働基準法「第三三条第三項」とは、災害等の臨時の必要がある場合に使用者は労働者に残業させられるという条文の中の公務員についての規定です。

読み替え前は、「官公署の事業（別表第一に掲げる事業を除く。）」が臨時の場合に残業させることができるとなっていました。「別表第一」には教員も含まれています（別表第一の第十二号）。教員は災害等の臨時の必要があっても残業をさせられない職種に入っていたわけです。

読み替え後は、「別表第一第十二号に掲げる事業」が臨時の場合に残業させられるとなります。第十二号とはまさに教員を含んでおり、意味が百八十度変わりました。「給特法」で教員には限定四項目に限って残業命令を出せるとしたこととの整合性をはかるためです。

第二の追加は、「この場合において、公務員の健康及び福祉を害しないように考慮しなければならない」という文言の追加です。臨時の場合でも残業時間が無制限にならないための配慮規定です。ただし、実際にはそうでなかったことは本書の通りです。

《B》残業代支給（労働基準法第三七条）の適用除外

次にBですが、これがもっとも肝心な「読み替え」です。
読み替え前　「〔労基法〕第三十二条の五まで」。
読み替え後　「〔労基法〕第三十二条の五まで、第三十七条」。

（〔　〕は引用者）

見ての通り、「第三七条」を適用除外に追加したものです。「第三七条」とは労働基準法第三七条、すなわち残業代支給の義務規定です。これによって教員は、労働基準法の残業代支給の対象外となりました。もっとも短く、もっとも重大な読み替えです。

《C》船員法上の残業代支給も適用除外

読み替え前　「〔船員法〕第五十三条第一項」。
読み替え後　「〔船員法〕第五十三条第一項、第六十六条（船員法第八十八条の二の二第四項及び第五項並びに第八十八条の三第四項において準用する場合を含む。）」。

（〔　〕は引用者）

これも見てのとおり、「第六十六条」以下を追加するものです。

なぜ船員法かというと、水産高校などで船舶の実習がある場合、船員である教職員がいるからです。船員は労働条件の特殊性から労働基準法ではなく、船員法でその働き方を規定されています。追加部分は、残業の割り増し賃金支給の条文で、それを適用除外にするということです。

《D》船員災害防止活動の促進に関する法律の残業代支給も適用除外

読み替え前　「規定は」。

読み替え後　「規定（船員法第七十三条の規定に基づく命令の規定中同法第六十六条に係るものを含む。）は」。

「規定」といきなりいわれても面くらいますが、読み替えられる地方公務員法にあたると、「船員災害防止活動の促進に関する法律第六十二条の規定並びにこれらの規定に基づく命令の規定」のことだとわかります。この「六十二条」は「船員労務官」が司法警察員の職務を行うことを定めたもので、長く陸を離れる船ならではの条文です。読み替えは、

（船員法第七十三条の規定に基づく命令の規定中同法第六十六条に係るもの）の追加ですが、それは特例的に国土交通省令で残業の割増賃金が決められる場合も、やはり教育職員は適用除外となるということです。

《E》代替休暇制度の全削除

読み替え前　「同法〔労基法〕第三十七条第三項中「使用者が、当該事業場に、労働者の過半数で組織する労働組合があるときはその労働組合、労働者の過半数で組織する労働組合がないときは労働者の過半数を代表する者との書面による協定によりとあるのは「使用者が」と、同法」」。

読み替え後　「同法」。

（〔　〕は引用者）

最後の「同法」は同じで、それ以外をすべて削除するという指示です。

二〇一〇年四月から、労働基準法改正による代替休暇制度が発足しました。それがここで触れている「第三十七条第三項」で、労使協定等により割増賃金の代替として有給休暇を付与することができるというものです。地方公務員はこの種の労使協定が認められていないので、労使協定の部分に限って適用除外とされました。教育職員は三七条自体が適用除外なので、すべてを削除したわけです。

なんだか、頭の体操のような解説となりましたが、厄介な条文を読もうとする方への一助となれば幸いです。

補章1　教員の変形労働時間制

二〇一九年秋、国は「学校における働き方改革」の一環として、「一年単位の変形労働時間制」の導入を打ち出しました。学期中の法定労働時間を一日九時間近くまで伸ばす代償に、夏の休日を数日増やそうというものです。教員も増やさず業務も減らさず、労働時間を変形させ夏休みが増えそうなイメージを醸し出すこの施策は、邪道としか言いようのないものでした。

教員たちは「こんな制度を導入したら教員を続けられない」「形だけ夏休みになっても実際には休めない」と、国の予想をはるかに上回る反対意見を寄せます。平日の拘束時間を延長すれば、子どものお迎えなど教員の生活時間をおびやかし、平日の長時間労働がさらに伸びる危険もあります。教員の身になって考えられたとはいえない机上の施策に、「教員をバカにするのもいい加減してほしい」という声もあがりました。最後に掲載した「変形労働時間制――現場からの声」をぜひお読みください。

日本共産党も「教員をこれ以上、長時間働かせるのか」という提言（同年一〇月二一日）を発表し、立ち上がります。反対運動が盛り上がるなか、制度導入のための法案を審議した国会（一一～一二月）では、野党の追及で制度への歯止めとなる多くの答弁がかちとられました。

これからお読みいただくものは、法案が成立した段階で、地方自治体でどう対応したらいいかという問題意識で行われたインタビュー（「教員の変形労働時間制――各自治体で選択させない論戦を」『議会と自治体』二〇二〇年二月号）をもとに、加筆修正したものです。

図表補 1-1　1年単位の変形労働時間制（イメージ）

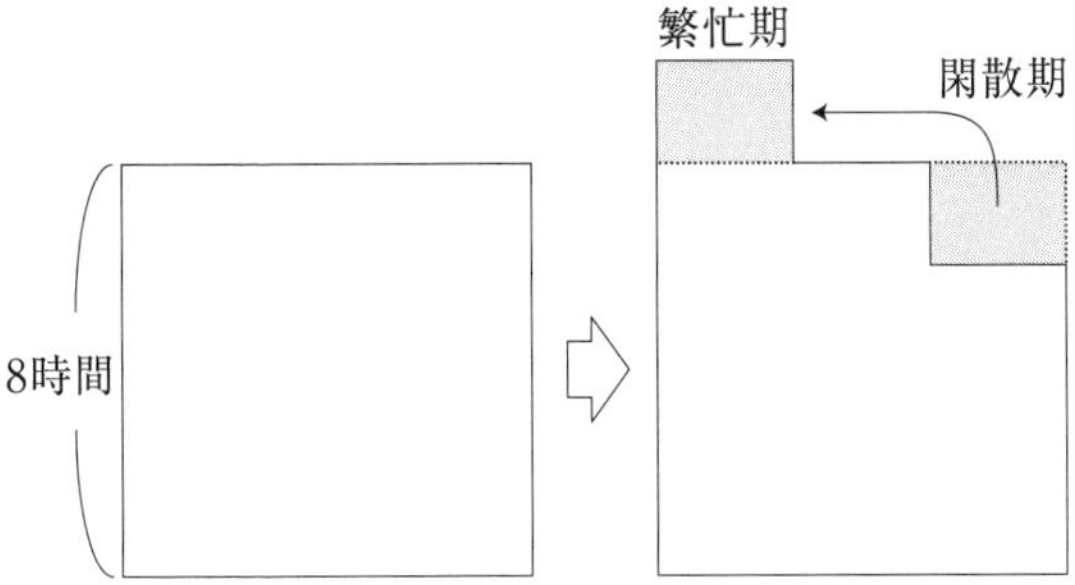

1　制度のポイント

――まず、そもそもどんな制度なのか、簡単に説明してください。

藤森　「一年単位の変形労働時間制」とは、労働基準法三二条の四で定められた働き方で、ポイントをしぼって説明すると、次のようなものです。

①「一日八時間労働」の原則を崩し、繁忙期と閑散期を設定したうえで、繁忙期の所定労働時間を伸ばし（最大一日一〇時間）、閑散期の所定労働時間をその分短くします（図表補1－1

参照）。人間は寝だめや食いだめはできません。働く者の健康と生活にとって問題のある制度です。

②過酷な労働条件であるため、▽過半数労働者の合意（労使協定）なしには導入不可、▽労働者の予定が立てられるよう、あらかじめ一人一人の労働日と各労働時間を書面で決める、などが定められています。厚労省通知では「恒常的な残業がないことが導入の前提」ともされています。

③公務員にはこの制度を導入できませんが、今回の法改正で教育職員に限って導入可能としました。公務員なので労使協定による制度導入はできず（条例主義）、あとで述べるように都道府県あるいは政令市の条例制定によって導入できるようになります。

④公立学校での運用目的は「夏の休日のまとめ取り」に限定されます。法律にはありませんが、省令に書き込まれます。夏の何日かは勤務日でも勤務時間をゼロにして事実上の休みとし、具体的には五日間程度の休みが想定されています。

⑤制度は完全に選択制です。つまり都道府県等が法律にもとづいて条例を定めるかどうか、条例ができたもとで個々の自治体や学校が導入するかどうか、いずれも自由です。また、各学校で導入するかどうかは毎年度決めます。これらに関する国会答弁は次のとおりです。

完全な選択制であることの国会答弁

○萩生田光一文部科学大臣　仮にの御質問でございますけれども、変形労働時間制の活用については、各自治体の判断で採用しないということもあり得ると思います。（二〇一九年一一月一三日、衆議院文部科学委員会、吉良州司議員〔国民民主党、当時〕への答弁）

○萩生田光一文科大臣　各学校の意向を踏まえずに都道府県が一律に条例で強制をしても何の意味もないと思います。（畑野委員「学校じゃなくて教員」と呼ぶ）ですから、当然のことながら、条例をつくるに当たって各学校の校長とそれぞれの教師がしっかり対話をしていただいて、個々の事情もあると思います、介護期間中だとか、子供が小さいとか、いろいろな事情があると思いますので、よく酌《く》み取ることが求められておりますので、当然、学校のみんなが嫌だと言うものを、これは幾ら条例ができたからといって、なかなかそれを運用して、動かすことは無理だと思います。（二〇一九年一一月一五日、衆議院文部科学委員会、畑野君枝議員〔日本共産党〕への答弁）

○吉良よし子議員（日本共産党）　一回、変形労働時間制が、条例が成立して、この学校でも導入するということを決めたんだと、一回、一年やってみた、けれども来年度は取りやめるという判断もでき得ると。毎年度ごとに各学校において導入するかどうかを決めると、そういうことでよろしいですか。

○丸山洋司初等中等教育局長　委員御指摘のとおりであります。（二〇一九年一一月二六日、参議院文教科学委員会）

二〇二〇年度から自治体での導入をめぐる議論
――法改正をうけて行政がどう動くか、今後のスケジュールはどうなる予定ですか。

藤森　そうですね。文科省が二〇二〇年七月、制度についての「省令」と「指針」を出し、それらを徹底するための「通知」を出しました。地方でのプロセスは、この「通知」をうけて始まります。公立小中学校の場合で説明すると、次のような流れになると思います。

各学校で検討（校長が教員たちの意見を聞く）→各学校が市町村教育委員会と相談→市町村教育委員会が制度についての意向をもつ→都道府県教育委員会が各市町村の意向を踏まえ条例案を作成→都道府県議会で条例案が成立（案をつくらないか否決ならプロセスはここで中止）→市町村教育委員会が、各学校の意向を踏まえ、導入する学校や具体的な導入の仕方を決定

小中学校の先生の身分は市町村職員ですが、同時に県費負担職員です。そのため、勤務条件の基本設計は県の権限です。なので、条例は都道府県あるいは政令市で決めます。その条例のもとで、たとえば個々の教員にどう適用するかなどの制度の運用は、校長の助けを得て市町村が決めます。

国は、二〇二一年度から制度の運用を始めたいとしていましたが、二〇二〇年内に条例を提出したのは北海道と徳島県にとどまりました。報道によれば、都道府県の五三・二パーセント、政令市の一〇・〇パーセントが今後整備の予定ですが、条例を整備するか否かを含め検討中が一府二一県一八市にのぼります（「教育新聞」二〇二〇年一二月二五日）。この数字は、制度の矛盾の大きさを象徴しています。今後、条例の出てこない自治体でも、制度導入をするなという積極的な運動が求められています。

2　現場からの強い反対――導入の理由も成り立たない

現場の声を背に導入反対の論陣を

――自治体での審議にどうのぞんだらいいですか。

藤森　制度についての日本共産党の基本的立場は、提言「教員をこれ以上、長時間働かせるのか――『一年単位の変形労働時間制』の導入に強く反対する」（二〇一九年一〇月二一日）で明らかにしました。参考にしていただければ幸いです。

重要なことは、「この制度では、もっとひどい働かせ方になる」、「過労死がふえる」という現場の声を背に、反対の論陣をはることだと思います。私たちの提言もそこを一番意識しました。地域の先生たちの声を聞くことをお願いします。

もともと社会が解決すべきは、平日一日平均一二時間近いという教員の異常な長時間労働です。「変形労働時間制」は、その平日の所定勤務時間を長くする制度です。そんなものを導入して問題が解決するはずがないのです。

端的にいえば、制度を導入して退勤時間を一時間以上遅くすれば（勤務時間を一時間延ばした場合、休憩は四五分から一時間になるので、退勤時刻は一時間一五分遅くなる）、先生たちの帰る時間も遅くなる危険が高まるに決まっています。

こういえば、行政当局は「あれこれの改善を行うから心配は当たらない」と答えるかもしれません。しかし、それは机上の空論です。勤務時間はどうなるか、子どものお迎えやみずからの通院など生活時間はどうなるか、現場で働いている者が一番よく知っています。だから労働組合の枠をこえて反対運動が広がったのです。若い先生たちが「こんな制度を入れられたら教員を続けられない」とぎりぎりの気持ちで反対を表明していることを重く受け止めるか、無視するかが問われています。ネットの「緊急署名『変形労働時間制』を撤回してください」の「変形労働制に対するコメント」をご覧ください（現在は署名が終了しているため、声の一部を最後に掲載）。また、ネット署名を呼びかけた現職高校教員の西村裕二さん（筆名「斉藤ひでみ」）

は国会参考人として意見陳述をしているので、そちらもぜひご覧ください（参議院インターネット審議中継あるいは国会会議録検索システムで。二〇一九年一一月二八日、参議院文教科学委員会）。

「夏の休日まとめ取り」という唯一のセールスポイントが成り立たない

――自治体は国と同じように、「夏の休日をまとめ取りするためには導入が必要」と言うと思います。そのあたりはどう考えますか。

藤森　そうですね。「夏休みのまとめ取り」は制度導入の唯一の理由でありセールスポイントですが、それがじつは全く成り立たないのです。

第一に、「夏休みのまとめ取り」の代わりに平日の所定勤務時間を延長する問題です。拘束時間が一時間伸びれば、それまで「この曜日だけは」といって子どものお迎えにいったり、病院に通ったり、介護をしたりということができなくなってしまいます。間違いなく生活の質が悪化するでしょう。所定の退勤時刻が遅くなれば会議などを入れられ、実際の帰宅時間が遅くなることも目に見えています。教員たちや過労死遺族の方々は「夏休みが来る前に病気で倒れてしまう」と批判しました。勤務時間を減らすべきなのに、勤務時間を夏休みから学期中に移動させる「変形」では改革になりえないということだと思います。

第二に、実際に休めるのかという問題があります。平均的に学校の先生は年休を半分は消化できずにいて、繰越で四〇日もっている先生もいます。夏休み期間も部活動や行政研修などで案外休みようがないのです。学期中の勤務時間をのばした代わりに「五日間の休み」ができたとしても、休めずに出勤となりかねません。これでは、ふんだりけったりです。

そして忘れてはならないのは、もともと夏休み期間は先生たちが自宅などで比較的ゆったり自主研修にあてることが、「給特法」制定の前提だったという事実です（一四六〜一四七ページ参照）。当時は、教職は自主的に研鑽を積み続ける専門職であるという理解があったわけです。変形労働時間制はこの「給特法」の夏休み論を忘却している点でも道理がありません。

別の「夏休みのまとめ取り」を提案

同時に、先生たちの夏休みを増やすこと自体は大いに進めたいことです。私たちは「提言」で、夏休みを増やす二つの提案をしました。

①行政研修や部活動の各種大会などの夏の業務を大幅に削減し、業務のない時間を設け、教員が実際に夏休みをふやせる条件を整える

②学期中の休日出勤や超過勤務にたいする代休保障を厳格に行い、それと年休の取得を組みあわせ、今まで以上の夏休みをとれるようにする

これだと、制度導入は必要ないし、教員の年休の持ち腐れも減らせると思います。加えて、

夏の自宅研修という勤務形態を再確認し、広げることが大事です。

吉良よし子参議院議員は、この共産党の提案を紹介して答弁を求めました。文科大臣は「現在でも、実際に休日の確保のために週休日の振替や年次有給休暇の取得によって長時間の学校閉庁日を実施している自治体の例もあり、これらも重要な方法であると考えております」と答弁しました（二〇一九年一一月三日、参議院文教科学委員会）。私たちの提案を、国が「重要な方法」と評価したことは、うれしいことです。

夏の業務削減をすすめる

考えてみると、国も夏休みを増やそうとしているので、夏の業務を減らす動きが生まれるでしょう。じっさい国は昨年、過去の夏休み中に業務を入れることを求めた通知を撤回する通知をだしました（二〇一九年六月二八日「学校における働き方改革の推進に向けた夏季等の長期休業期間における学校の業務の適正化等について」）。

これは重要なことで、動機は違うかもしれませんが、夏の業務を削ることは重要です。ただし、夏で削った分を学期中に移動させたら元の木阿弥《もくあみ》です。

削減対象の一つは行政研修です。当局は「行政研修は必要だ」と言うかもしれませんが、その見方自体を見直さないといけません。

教員の研修は他の公務員の業務能率向上のための「研修」と違って、「研究と修養」（教員公務員特例法）です。専門的な研究と人間修養は自発性が命ですから、自主的な研修が主流となるべきで、行政研修はそんなに多くない方がいいのです。現実は、行政研修が多すぎて自主的な研修の時間がありません。行政研修で教員を追い回す発想をこの際やめた方がいいでしょう。

しかも、法定勤務時間に勤務が収まらない状況です。その時に〝必要だから〟と行政研修を課すことはスジが通りません。少なくとも、勤務時間内で仕事が終わるめどがついてから行政研修は検討されるべきです。

②の代休の厳格な実施も重要です。土曜授業などをやらせておいて代休を保障しないなどの違法な実態があります。また、子どもの対応などで明らかに超過勤務になることがわかっている場合、「勤務時間の割り振り変更」（後述）で、その分、他の日の勤務時間を減らすことが法的に認められており、教員組合の運動などで実施が広がっています。学期中は勤務時間を減らすことが難しい場合、夏の時期に活用することがありえます。

3　導入に高いハードル――国会論戦の成果

――国会論戦で、変形労働時間制の導入には、いろいろなハードルがあることが明らかになったそうですね。

藤森　国会論戦の重要な成果だと思います。

最初に述べたとおり、変形労働時間制は過酷な労働条件ですが、それが制度化された際の大義名分は労働時間の短縮でした。だから、「突発的なものを除き、恒常的な時間外労働はないことを前提とした制度である」という労働省（現厚生労働省）通知もあります（一九九六年一月四日、労働省労働基準局長名）。文科省も、「それは制度の趣旨」と認めました（二〇一九年一一月一三日、衆議院文教科学委員会、吉川元議員〔社会民主党、当時〕への答弁）。

労働時間の縮減が導入の前提

実際の導入のハードルとして無視できないのが、「労働時間の縮減」が「導入の前提」だという次の文科大臣答弁です。

○吉良よし子議員　もう一度大臣に伺いたいと思うんですけれども、現在、もう超長時間労働がはびこっている、多忙化している学校現場、深刻なこの長時間労働がはびこっている学校現場で、その労働時間が一切縮減できていなくても変形労働時間制導入可能ということでしょうか。お答えください。

○萩生田光一文科大臣　労働時間の縮減を前提として導入することを規定をしております。

（二〇一九年一一月二六日、参議院文教科学委員会）

答弁の中にある「規定」は、おそらく先ほどの労働省通知の中にある、「適正かつ計画的な時間管理を行うことで変形期間を平均して週四十時間労働制を実現し、労働時間の短縮を図るものであること」の一文に対応するものと思います。[注1]

残業ガイドラインが守られなければ導入不可

「労働時間の縮減」のハードルを具体的にいえば、残業時間は月四五時間以下、年三六〇時間以下というハードルです。この数値は、今回の法改正のもう一つの要素、「公立学校の教師の勤務時間の上限に関するガイドライン」に明記されたものです。同ガイドラインは文科省が二〇一九年一月二五日に定めたもので、残業を月四五時間、年間三六〇時間以内にすべきというものです。
吉良よし子議員への答弁で、国は二つの約束を行いました。
第一。変形労働制を適用する教員は全員、ガイドライン以下でなければならない。

○丸山洋司初中局長　一年単位の変形労働時間制の活用に当たっては、対象となる職員の範囲を定めることとなっており、活用する学校においてもその全ての教育職員に画一的に活用することを想定しているものではありません。このため、指針の上限時間の遵守については、一年単位の変形労働時間制を活用して休日のまとめ取りを行う教育職員それぞれについて、その在校等時間が指針の上限時間を遵守していることを想定をいたしております。
○吉良よし子議員　これも分かりにくい答弁なんですけど、つまりは、変形労働時間制を導入する、適用される教員は、上限ガイドラインが遵守されていることが必要だと、そういうことでよろしいですか。
○丸山洋司初中局長　そのとおりであります。（二〇一九年一一月二六日、参議院文教科学委員会）

第二。その教員がガイドラインを守れないとわかった場合、途中でも活用の指定をやめる。

○吉良よし子議員　変形労働時間制を一日導入したと、導入したけれども、やっぱり長時間労働が続いて、上限ガイドラインが遵守できていない状況が続いたと、その場合は直ちにこの変形労働時間制の適用はやめると、そういうことでよろしいですか。

○萩生田光一文科大臣　改正法が成立した場合に新たに制定することとなる指針において、一年単位の変形労働時間制を活用することに当たっては指針の上限時間を遵守することを規定することとしております。このため、年度途中等にこうした要件が明らかに遵守できない状況が生じた場合には、まずは各教育委員会等において遵守に向けて是正されるべきであると考えておりますが、それでもなお要件が遵守できないこととなれば、服務監督権者である教育委員会において、休日のまとめ取りのための一年単位の変形労働時間制の活用の指定を取りやめることとなると考えております。（同前）

教員の大多数はガイドラインを守れない状況にある

しかし現実には、大多数の教員がガイドラインをオーバーしています。

月四五時間の残業とは、ざっくりいって週当たり五〇時間働いている状態です。[注2] 国の教員勤務実態調査では週当たり何時間働いているかの分布図（図表補1－2）があります。それにあてはめれば、残業月四五時間をオーバーしている教員は、小学校で八一・八パーセント、中学校で八九・〇パーセントにのぼります

図表補 1−2　教員のほとんどが上限ガイドライン超え

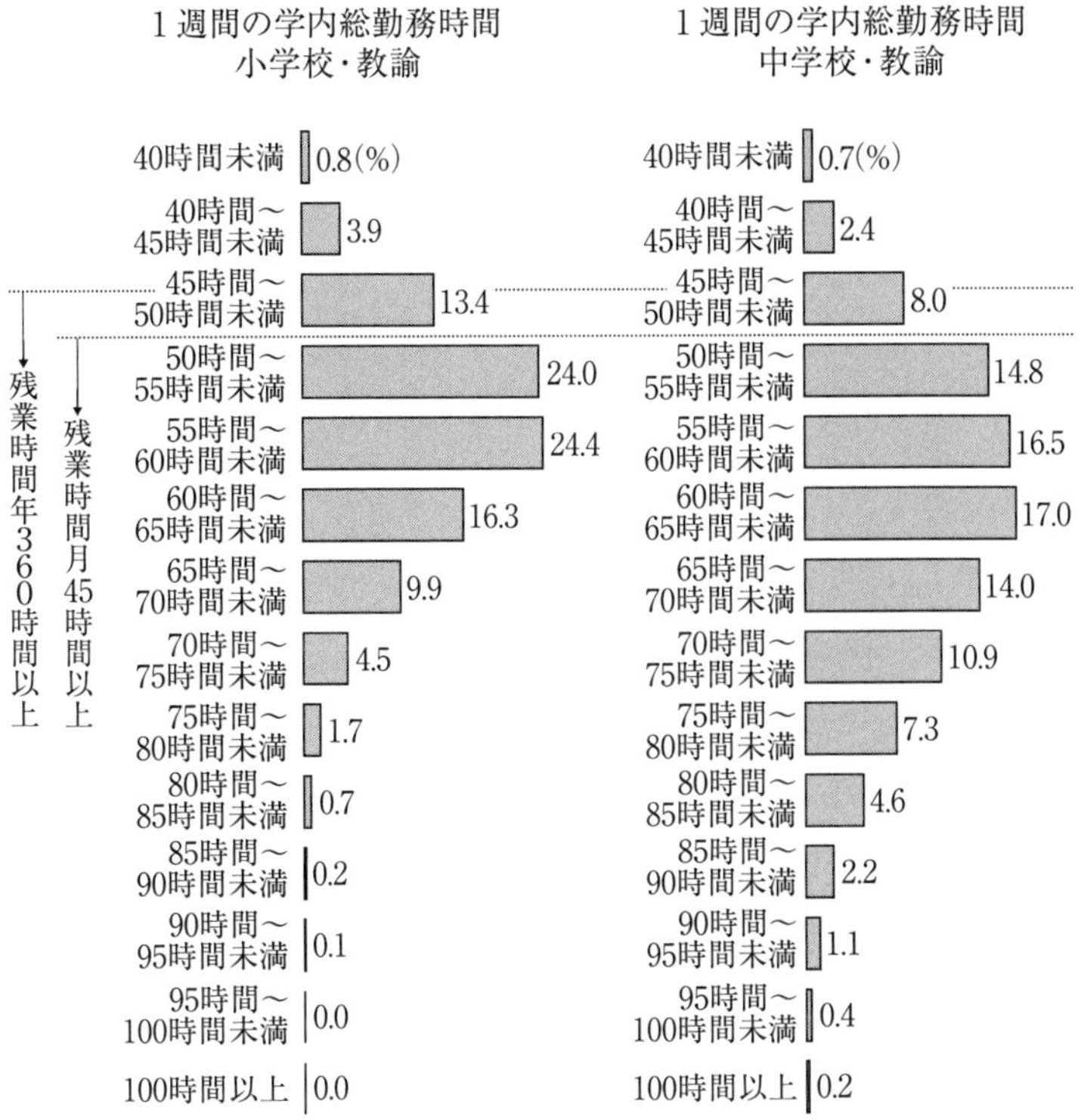

(出典) 文科省 2016年度教員勤務実態調査 (2016年度)

年三六〇時間で線を引けば、事態はさらに深刻です。年三六〇時間の残業とは、およそ週当たり四六時間一五分働いている状態です。ですので先ほど以上の教員が該当します。要するに、制度適用可能な教員はほとんどいないといっても過言ではありません。

当局に、制度適用は残業時間が月四五時間、年三六〇時間以下の教員に限定されることを確認するとともに、少なくともその自治体の各教員の勤務時間を調査し、全員が月四五時間、年三六〇時間以下と確認されることを導入の前提として約束させることが大事です。

私たちは長時間労働の是正を求めています。上限ガイドラインのクリアは、一つの通過点でありかつ切実な課題です。その達成は、変形労働時間制の導入の一つの条件のクリアになりますが、そうなったら、もともとの私たちの立場である、学期中の労働条件の悪化は許されない、夏の休日のまとめ取りは別の方法のほうがよい、という点で大いにたたかいたいと思います。

勤務時間管理が不正確でも導入不可

――なるほど。二段構えの論戦なのですね。上限ガイドラインのクリアが前提なら、教員の勤務時間管理が欠かせないと思うのですが。

藤森　そのとおりです。教員一人ひとりの勤務時間が管理されなければ、上限ガイドラインが守られたかどうかわかりようがありません。したがって、正確な勤務時間管理は、変形労働時間制導入の大前提です。文科大臣も「勤務時間管理が徹底されていなければ導入することはできない」と明言しました。

〇萩生田光一文科大臣　勤務時間管理は従来より、労働法制上、教育委員会や学校の責務とされていましたが、働き方改革推進法による労働安全衛生法等の改正により、タイムカードなどの客観的な方法等による勤務時間の状況の把握が公立学校を含む事業者の義務として法令上明確化されました。このため、一年単位の変形労働時間制の導入いかんにかかわらず、客観的な方法等によって勤務時間管理は不可欠であると考えております。とりわけ、一年単位の変形労働時間制の実施に当たっては、勤務時間管理が徹底されていなければ導入することはできないものと考えております。（二〇一九年一一月二六日、参議院文教科学委員会、吉良よし子議員への答弁）

さらに、タイムカードなどの客観的な勤務時間把握の仕組みのないところは、制度は論外です。そして、タイムカードなどを入れても、まともに計測していなければやはり論外となります。

「勤務の割り振り変更」ができなくなるなどのマイナス

――導入には相当のハードルがあることがわかりました。他にどんな問題がありますか。

藤森　そうですね。たとえば、繁忙期として勤務時間を伸ばした日は、時間外勤務を行わせられないということもあります。

◯城井《きい》崇《たかし》議員（国民民主党、当時）　勤務を延長した日は時間外勤務を行わせるべきではないと考えますが、大臣、いかがでしょうか。

◯萩生田光一文科大臣　それをしたのでは全然縮減にならないと思いますので、御指摘のとおり、勤務を延長した日は時間外勤務を行わせるべきではないと考えております。（二〇一九年一一月十五日、衆議院文部科学委員会）

たとえば勤務時間を一時間延ばせば、多くの学校での定時退勤時刻は午後六時頃になります。そのあと勤務をさせてはならないとなれば、学校業務の多さを考えると、無理難題の類です。制度がいかに現場の実態とかみあってないかを示すものです。しかも、実際には仕事はあるわけですから、教員たちは持ち帰り残業を多くやらざるをえなくなります。持ち帰り残業は不当なことに、国の勤務時間把握の対象外です。そうなると見せかけの勤務時間が減ることになり、不当さのうえに不当さが積みあがる感があります。

さらに、一年単位の変形労働時間制を導入すると、夏の休日まとめどりのところでふれた「勤務時間の割り振り変更」ができなくなるという、不都合があります。

○萩生田光一文科大臣　一年単位の変形労働時間制については、一度決めた労働時間を使用者が業務の都合によって任意に変更することができないことを前提とした制度であり、民間企業で実施する場合であっても、対象期間中に随時変形労働時間制を変更することはできないものとされております。

今回、公立学校の教師について、休日のまとめ取りのために一年単位の変形労働時間制を活用する場合であってもこの考え方は同様であり、一度決めた所定の勤務時間を校長や教育委員会が業務の都合によって恣意的に変更することはできないものと考えております。（二〇一九年一一月二六日、参議院文教科学委員会、斎藤嘉隆議員〔立憲民主党〕に）

「勤務時間の割り振り変更」は、「給特法」の制定を受けて、国が規定した制度です。国の訓令（「教育職員に対し時間外勤務を命じる場合に関する規定」一九七一年七月五日）の第三条は、「教育職員については、正規の勤務時間の割り振りを適正に行い、原則として時間外勤務は命じないものとする」としました。

この「勤務の割り振りを適正に行う」というのが、「勤務の割り振りの変更」です。たとえば普通、教員の勤務日は連日七時四五分の勤務が割り振られています。ところが生徒対応などで、その日の勤務が二時間ほど伸びることが予想される場合、校長はその先生にその日は九時間四五分の勤務を割り振り、別の日に二時間少ない五時間四五分の勤務を割り振るといったことです。業務があふれかえっている今日、時間を少なく割り振る日が見つからないという困難がありますが、運用によって改善に資することは充分可能です。「割り振り変更」をできなくすることは大きなマイナスです。

管理職や事務職員に相当の負担増と困難が

――国会では、制度を運用する労力の多さも問題となったようですね。

藤森　はい。制度の運用には、管理職と事務職員の相当の負担と困難があります。この制度は、事前に、対象の全教員それぞれのシフト表（勤務時間を延長する日はいつか、その日の勤務時間は何時間にするのか）を管理職が作成しなければならないからです。

年度がはじまる前の三月、管理職は全教員から、導入についての意向、子育てや介護などの個々の状況を聞き取らなければなりません。そして制度を適用する対象者を決定します。そのうえで、当面四月と五月の個々人のシフト表を決めます。また、その後も四月に六月分、五月に七月分という具合に個々のシフト表を決めます。さらに、各自の勤務状況がシフトに照らしてどうかのチェックも必要になります。文科省もしぶしぶですが、次のように新たな業務が生じることを認めざるをえませんでした。

○丸山洋司初中局長　一年単位の変形労働時間制を活用するということに当たっては、具体には、その年度が来る前年度末に、委員がおっしゃいましたように、学校の年間計画を踏まえて一年間を見通して各職員の日々の勤務時間を考え、改正後の給特法や文部科学省令、指針に適合するように勤務時間を割り振る業務が一時的に生じると。また、年度を通して各職員ごとに異なる勤務時間を日々管理する業務が生じるということが考えられます。（二〇一九年一二月三日、参議院文教科学委員会、吉良よし子議員に）

教頭や副校長は、教員以上の長時間労働です。その負担をこれ以上増やすのか。当事者にとって気の遠くなるような話です。実務は事務職員にふる可能性が高く、事務職員の過労もたいへん心配されます。きちんと個々人のシフトをつくるには、三月に決まる学校の行事計画だけでなく、その先生の四月以降の校務分掌（担任をもつのか、何年生を担任するのか、部活の顧問は何をするのか等々）がわかっていないと困難です。しかし、それが決まるのは四月はじめです。また、異動してくる先生への聞き取りなどにも手間がかかります。このように、学校現場にかみあわない制度の運用は、相当の負担と困難をもたらします。それで何か価値あるものが生まれれば救われますが、生まれるべくもありません。

4　問われる勤務時間把握、人事委員会の機能

――学校職場では長い間、タイムカードもなく勤務時間はノーチェックでした。勤務時間を測り始まることの意味はおおきいですね。

藤森　はい。教員は残業代ゼロなので残業時間を把握する必要がありませんでした。そのことは長時間労働を助長させた原因の一つとなってきました。

各地で勤務時間把握が始まったのはいいのですが、タイムカードを導入した学校現場から「虚偽報告が行われている」という告発が相次いでいることは放置できません。吉良よし子議員はそのことを次のようにただしました。

○吉良よし子議員　確認しますが、じゃ、現時点で、公立学校でこうした虚偽の記録は基本的には行われていないという認識なのでしょうか。いかがですか。

○丸山洋司初中局長　現時点において、そういう状況については承知いたしておりません。

○吉良よし子議員　承知していないと。それで済むのでしょうかという話なんです。私、

この間、都内の幾つかの区や市などで、その勤務時間の把握、どうなっているか伺ってきました、タイムカードは導入されたけれどもということで。ある区では、超過勤務月八十時間、週二十時間の人をゼロにするという目標達成ができなくなるので五時半には打刻してくれと管理職に言われているという実態がありました。ある市では、校長先生が勤務時間過ぎたらとにかく退勤と押してくれと指導していると聞きました。また、別の市の小学校では、副校長が早めに押すようにと指導していたり、また、別の市の中学校では、どんなに朝早く学校に来てもタイムカードは勤務時間になってからと言われているなどあるわけです。（同前）

そして、この追及に、文科大臣は次のように答弁せざるをえませんでした。

○萩生田光一文科大臣　まさしく、そういう実態が私もないとは言えないと思います。実際には、タイムカードを押した後に引き続き職場に残って働いている方がいらっしゃる実態も承知をしております。

だからこそ、こんなことを続けていたらやっぱり教員の皆さんがもう本当にもたなくなってしまうと思います。今回の法改正を機に、言うならば、労働管理というのを学校現場できちんとやって、そしてそれを客観的に教育委員会も把握をして、それを守れない者は公表してでもきちんと正していく、それが今回の決意でありまして、是非ここは皆さんのお力を借

りて教育現場を変えていきたいと思っております。（同前）

勤務時間の虚偽報告を一掃するたたかいに

勤務時間管理は、労働安全衛生法の改正で二〇一九年四月から、公立学校を含め使用者の法的義務になりました。民間では違反した場合、罰則が伴います。今回国は、公立学校での虚偽報告は懲戒処分になりうると答弁しました。

○丸山洋司初中局長　仮に、教職員が虚偽の記録を残している場合には、校長等はこうした管理運営に係る責任から適正な記録を残すように指導する必要があり、また、万が一、校長等が虚偽の記録を残させるようなことがあった場合には、求められている責任を果たしているとは言えない上、状況によっては信用失墜行為として懲戒処分等の対象ともなり得るものだと考えられます。（同前、高瀬弘美議員〔公明党〕への答弁）

学校職場は、残業代ゼロの教育公務員給与特別措置法（給特法）の下で、勤務時間をまともに管理しない慣習が続いてきました。「働き方改革」のもとで勤務時間を短く見せようという行政の圧力があれば、虚偽報告が多発することは想像に難くありません。しかし、勤務時間の正確な把握は、まともな改革の土台です。それを台無しにする虚偽報告を全国の学校から一掃することは、きわめて重要です。各地で教員のみなさんと力をあわせて実態を明らかにし、学校から虚偽報告を一掃していきたいと思います。

導入にあたっては教員の交渉の保障を

――民間なら過半数労働者の同意が必要という話がありました。しかし公立の教員は条例で決められてしまいます。組合の交渉はできるのですか。

藤森　できます。国会でも質疑が行われ、職員団体との交渉を踏まえて導入されると答弁がありました。

〇萩生田光一文科大臣　地方公務員法において、職員の勤務条件に関する事項は職員団体との交渉事項であり、法令等に抵触しない限りにおいて書面による協定を結ぶことができる旨が規定されております。本制度の導入についてもこの勤務条件に該当することから、導入に当たっては、各地方公共団体において、職員団体との交渉を踏まえつつ検討されるものだと思っております。（二〇一九年一一月一五日、衆議院文部科学委員会、城井崇議員に）

また、学校での校長との交渉についても、校長が教員たちとしっかり対話することが次のように確認されています。

○萩生田光一文科大臣　地方公務員法第五十五条の交渉は、登録を受けた職員団体から申し入れるものとされており、現状では学校単位の団体で職員団体として登録しているものは余りないと思われますが、登録を受けた団体との間であれば、地方公務員法上の交渉が行われることもあり得ると考えております。

このように、各学校において、地方公務員法上の交渉が行われることもあり得ますが、地方公務員法上の交渉とはならない場合であっても、具体的に今回の制度を活用する対象者を決めるに当たっては、校長がそれぞれの教師と対話し、その事情などをよく酌み取ることが求められており、それを文書などの形で記録を残すことが望ましいと考えております。（二〇一九年一一月二六日、参議院文教科学委員会、吉良よし子議員に）

地方公務員法上の交渉は登録された職員団体に限られますが、学校での実質的な交渉は「教師との対話」として推奨されているわけです。当局に、教員との交渉を誠実に行うことを求めましょう。

人事委員会には労働基準監督の責務がある

もう一つ、要求すべきことに、人事委員会の改善・拡充があります。

人事委員会とは、教育委員会や農業委員会などと同じ、首長から独立して権限を執行する合議制機関です。地方公務員の労働基本権制限の代わりに地方公務員の給与の上げ幅を勧告することがよく知られています。また一九七一年に給特法が強行された際の、〝労働時間が青天井になるという批判があるが、そうなったら人事委員会に訴え解決するという方法があるから大丈夫だ〟という趣旨の答弁もあります。人事委員会の業務の一つに、「労働基準監督機関としての職権を行使すること」があります（地方公務員法八条）。

法案審査でも、教員の長時間労働の是正に人事委員会が役割を果たすべきことが答弁されていました。

○大村慎一公務員部長　総務省としては、人事委員会等が有するこうした労働基準監督機関としての役割の重要性を踏まえて、様々な機会を捉えて過重労働に対する監督指導の徹底などについて助言をしているところでございます。

さらに、人事委員会は、勤務条件に関する勧告、報告や苦情処理、措置要求に基づく必要な措置の勧告などの権限も有しております。

人事委員会においてこれらの権限が適切に行使をされて、教員の過重労働を始めとする地方公共団体の職員の勤務条件に関する課題が改善されることとなるよう、引き続き必要な助言を行ってまいりたいと考えております。（二〇一九年一二月三日、参議院文教科学委員会、水

岡俊一議員〔立憲民主党〕に）

しかし、多くの人事委員会の実態は、教員の過重労働への監督指揮には程遠く、労働条件の改善の訴えを受理することさえ嫌がる窓口もあるといいます。少なくとも労働基準監督署並みの機能が果たせるように改善と強化が必要です。

さらに人口一五万人以下の市町村では人事委員会（あるいは公平委員会）は必置でなく、首長が代理することができます。しかしそれでは異常な長時間労働の横行している小中学校への労働基準監督は務まりません。体制の強化が必要です。

教職員の定数増、不要不急の業務の削減などの本格的な政策を

――話を聞いて、政府は「働き方改革」と言いながら、なぜ働く先生を追いつめるような制度をつくるのかとあらためて思いました。

藤森　今回の制度は、教員や教育行政から要望があったわけではありません。言い出したのは自民党です。現場は教員のなり手がいないほど深刻で、手を打たないといけない。しかし予算を投入するつもりはない。そこで、お金のかからない「夏休みのまとめ取り」に飛びついたわけです。しかし今まで見てきたように、結果はさんざんで、教員たちからはそっぽをむかれ、制度の正体を探れば探るほど、問題と矛盾のオンパレードとなりました。

こうした経過を見るにつけても、教員の長時間労働は小手先の対応ではだめで、教職定数の増員、上からの「教育改革」の清算、残業代支給などの本格的政策が必要だとあらためて思います。

注1　当時は、週休二日制を推進することで週四八時間労働から週四〇時間労働に移行する時期であった。

注2　月四週として計算すると、月四五時間の残業は週一一時間一五分の残業に相当する。それに、公務員の週労働時間三八時間四五分を足すと、週五〇時間となる。同様に年三六〇時間の残業は、月三〇時間の残業であり、週七時間半の残業に相当する。それに週労働時間三八時間四五分を足すと、週四六時間一五分となる。

〔参考〕変形労働時間制——現場からの声

○「八月は教員はヒマ」という前提がありますが、おおいなる誤解です。八月も出勤が続きますし、残業しています。

○変形労働時間制の導入は、子育て世代には大打撃です。親に会いたがる我が子を迎えに行く時間も、お腹をすかせた我が子に夕飯を作ってあげる時間も遅くなり、それによって教員の就寝時間も遅くなります。教員は健康的な子育てなんて諦めろ、それがいやなら教師をやめろ、と言われているようなものです。

○現役です。使命感でなんとか踏ん張っていますが、心が折れます。私たちは、授業期間中は歯医者にも病院にも行けなくなります。そもそもこんな見せかけの時間を減らす弥縫策でどうこうできる仕事量ではないです。

○現職の教員です。二〇代です。この法案が通れば、私は教師を辞めるでしょう。絶対に、反対です。よろしくお願いします。

○現場の声を全く聞いていない。無視している。教員を人間と思っていない。教育と教員を大切にしない国は、滅びると思います。

○この改正、教員の方だけでなく、多くの教職課程の学生からも支持されておりません。国会議員のみなさまには、もっと私たち国民の声に耳を傾けて、必要としている対応をして頂きたいと思っております。

○どこもかしかも働き方改革とは名ばかりが先行。現場の声を聞かずして、制度の改定なんてありえない。今の政治は国民に寄り添っているように思えない。

○現職教員です。今求められているのは、変形労働時間でなく、子ども達に健康でゆとりを持って接してあげられるような、「ほんとの」勤務時間短縮と教員の増員です。これ以上教員いじめはやめてください。

（出典）院内集会「学校の長時間労働と給特法のこれからを考える集い」配布資料（二〇一九年一〇月八日）

※同資料には、変形労働時間制撤回の署名サイト（Change.org）によせられたコメントから一三六本が掲載されている。なお同署名は二〇一九年一二月、その年でもっとも勇気を与えたネット署名として表彰された。

補章2　本格的な少人数学級のために

新型コロナウイルスの感染拡大が世界と日本を襲った昨年（二〇二〇年）、少人数学級を求める国民の世論と運動がわきおこりました。局面は急展開し、同年末に政府は公立小学校全学年の三五人学級化を決めます。[注1] 小さい変化に見えますが重要な意義のある、四〇年ぶりの変化でした。四〇年というのは、四〇人学級を始めたのが四〇年前の一九八〇年だったからです。ちなみに、その前は四五人、さらにその前は五〇人学級でした。

学級規模の縮小は、教員の長時間労働の是正につながります。そのことをある教員は、少人数学級署名に託してこう書きました。

「例えば一教科マル付け一人一分かかったとして、×四〇人＝四〇分、これが二〇人ならば二〇分で終わります。そしてマル付けや確認作業などは数種類×人数に及びます。この労力にかかる時間が半分であれば教員は次の教材研究や、つまずきのある生徒への支援が可能になり全体の底上げも期待されるでしょう。（東京　教員）」（少人数学級化をめざす教育研究者有志、院内集会資料。二〇二〇年九月一七日）[注2]

そのとおりで、教員の多忙化解消のためにも少人数学級は重要な課題です。同時に、少人数学級の眼目は何よりも子どもの教育条件の直接的な改善です。その点が、本書で検討してきた他の課題と異なる点ですが、社会的な課題となっているだけに、少人数学級それ自体として広くとりあげ、検討したいと思います。

1　少人数学級をめぐる攻防の経過

一　「拒絶」を転換させた重要な前進

さきほど「小さい変化に見えるが重要な意義がある」と述べましたが、それは政府の少人数学級への拒絶がきわめて根深いものだったからです。近年の流れを概略すれば次のとおりです。

――現在の「四〇人学級」は、一九八〇年から始まり一九九一年に完成しました（小中学校の場合）。しかし、その完成前から貧困と格差の進行、発達障害の増加（顕在化）等々の子どもをめぐる変化は、四〇人近い学級の運営を困難にし、早々と少人数学級を求める国民世論と運動が広がります。しかし、国は応じませんでした。

――国民の世論と運動は出口を求めて模索します。その一つの突破口は「地方独自の少人数学級」でした。国が拒否しているなら、自治体で行おうというものです。首長選挙、地方議員選挙でも少人数学級の推進が公約に掲げられていきます。国は当初、法律できめた「四〇人」を下回る学級編制を違法であるとして抵抗しますが、二〇〇一年に学級編制基準を弾力化して地方独自の少人数学級を認める姿勢に転じます。二〇〇二年度から始まった山形県での「三三人学級」はその典型でした。地方独自の少人数学級は各地に広がり、文科省によれば現在、何らかの形で独自の少人数学級を実施している都道府県は四四に上ります。ただし、人件費の関係で思い切った措置はとれず、非正規教員をふやして対応するなど矛盾を伴うものでした。

――地方の変化に刺激され国も変化します。二〇〇五年の前半、中央教育審議会で少人数学級を求める意見が大勢を占め、文科省も賛同して機運がもりあがりました。文科省は同年五月に検討・具体化のための「協力者会議」も設置します。ところが政府本体が立ちはだかります。六月一日、文科大臣と中教審会長が政府の経済財政諮問会議に呼ばれ、総務大臣や財界委員などから集中砲火をあびました。さらに六月六日、財政制度等審議会（財務省）が予算編成に関し、「少人数学級編制等のため教職員を増員することを教育水準の向上と同視するといった安易は排」さなければならないと建議。国の少人数学級の動きは沙汰止みとなります。

――次の変化は民主党政権の誕生です。停滞期の唯一の例外です。二〇一一年、民主党政権は小学校一年を「三五人学級」とする法案を提案。本当は小中学校全体を三五人にするはずでしたが、政府内の反対により小一のみの法改正となったものです。これに対し国会は全会一致で法案を修正し、中学三年までの順次改定の検討と実施を附則にもりこみました。[注3]

――翌二〇一二年度、民主党政権は小二を予算措置で三五人学級としました。[注4] 努力はここまでで、それ以上は財務省が「少人数学級の効果はエビデンスがない」と断固拒否の姿勢を固めます。[注5] これに対し文科省は、全学年実施を求めて定数改善計画を策定し要求します。しかし財務省の取り付く島もない拒否にあい続け、ついに「全学年三五人学級を断念」(「朝日」二〇一三年一月二六日付)しました。以後、七年間、文科省や中教審からは「少人数学級」の文字がなくなります。

法律に全学年実施の附則がありながら、政府は完全無視のうえ、文科省も断念に追い込まれる。こうした動きを間近にみてきた印象は、もはや少人数学級はぐるぐるまきにされ封印され、役所の地下室にでも放り込まれているかのようでした。

こうして少人数学級は本当に長い間、〝開かずの扉〟だったのです。

動きが始まったのは二〇二〇年六月。それから半年で小学校全学年の三五人学級に至ったことは、過去の経過をふりかえれば、驚くべきことです。

半年の経過を別表にしましたが、このはじめのころ、少人数学級が動き出すとは誰も想像すらできなかったと思います。

別表　2020年の少人数学級をめぐる動き

5／22	日本教育学会、教員10万人増を提案
6／1	各地で学校再開、しばらく分散登校
6／2	日本共産党、教員10万人増と少人数学級を提案
6／10	衆院予算委員会、志位和夫・共産党委員長が少人数学級質問。安倍首相、「コロナ後を見据えて検討していきたい」
6／22	全国連合小学校校長会長、「ウィズ・コロナ時代は20人～30人学級で」（同日付「日経」）
6／30	公明党、首相に30人学級含む要望
7／8	全国知事会・全国市長会・全国町村会の３会長が政府・与党に少人数学級の実施を要請
7／16	少人数学級化を求める教育研究者有志、記者会見で「少人数学級化を求める署名」呼びかけ
7／17	「骨太方針」閣議決定。「少人数によるきめ細かな指導体制の計画的な整備」の「検討」もりこむ
7／20	（官邸）教育再生実行会議、「ポストコロナの学び」検討へ。委員から少人数学級求める意見
8／20	（文科省）中教審特別部会「中間まとめ」案に「少人数編成＊」もりこむ。（＊少人数学級も含みうる表現）
9／24	自民党教育再生実行本部、公明党教育推進本部、それぞれ「30人学級」の推進を求める決議
9／29	文部科学省、2021年度予算概算要求で「学級編制の標準の引き下げを含め、少人数によるきめ細かな指導体制の計画的な整備」の「検討」を要求
	この間、文科省と財務省の間で激しい攻防
	文科省激励、財務省抗議という異例の対政府行動続く（全教など）
12／17	文科大臣・財務大臣折衝。小学校全学年35人学級化で合意

二　国民みんなでかちとった転換

この政府の姿勢の転換は、国民みんなでかちとったものでした。

日本共産党は二〇二〇年六月二日に公表した、「学校再開にあたっての緊急提言」で、一律休校[注6]がもたらした子どもの学びの遅れと格差、心身の強いストレスに対応するための一〇万人の教員増（小中高）を提案しました。その際、教員増を一時的なものとせず、恒久的な少人数学級につなげることも提案しました。提言はメディアでもとりあげられ、教育行政や学校現場などから歓迎の声がよせられました。中でも少人数学級の提案は強く支持されました。志位和夫委員長のツイッター「#子どもたちに少人数学級をプレゼントしよう」は立場をこえて「いいね」が広がり、トレンド入りに近づきました。このことは、国民のなかに少人数学級の新たな機運が広がっていることを私たちに告げました。

じっさい、各地で多種・多彩な署名運動や話し合いの場がとりくまれました。毎年署名を積み重ねてきた教職員組合や女性団体はコロナ禍という困難なもとでがんばりました。なかには、一組の夫婦が立ち上げてネットで広がった運動もありました。

研究者たちが立ち上がったことも印象に残ることでした。「少人数学級化を求める教育研究者有志」が始めた署名運動は、ネット署名にとどまらず、各地でさまざまな人々が署名用紙を自分でダウンロードして署名活動を行うというユニークな動きとなり、短期間で二二万筆を超えるものとなりました。これを契機に市民たちが「会」を立ち上げる地域も広がりました。「有志」の一人である鈴木大裕さん（教育研究者、高知県土佐町町議会議員）は「しんぶん赤旗」のインタビューに、〝教員や教職員組合、保護者の運動に研究者が加わった〟と語っています（二〇二〇年八月一二日付）。

小学校校長会などの校長会、教育委員会の連合体、PTA団体など教育関係の団体も少人数学級をもとめました。

地方団体も立ち上がりました。全国知事会、全国市長会、全国町村会が少人数学級を要望したことは政府にも全国の自治体にも多大な影響を与えます。そのなかで六〇〇を超える地方議会で少人数学級などを求める意見書や請願が採択されるに至りました。「何十回もやってだめだったのに全会一致で採択された」などの経験が各地で生まれます。特にこの種の意見書がむずかしい都道府県議会の過半数で意見書が採択されたことも大きな変化を感じさせる出来事でした。

こうした機運のもりあがりのなかで政府内でも一定の変化がうまれました。安倍政権が首相官邸に設置した教育再生実行会議の委員たちの中からも少人数学級を支持する声が広がります。ある文科省関係者は「さまざまな運動があるからがんばれる」と市民との連帯を隠しませんでした。しかし文科省と財務省との予算折衝は膠着し、最終盤の一二月一六日には少人数学級実現の前提といわれた教育再生実行会議での決議はできませんでした。関係者は一時諦めたと思います。その局面は翌日の萩生田文科大臣と麻生財務大臣との折衝で打開されることになりますが、その背景には財務省につめよる与野党の国会議員の姿もありました。

重要な前進は、文字通り国民みんなでかちとったものです。このことは今後にも生きてきます。転換のために動いた多様な人々は、「最低でも小中学校の三〇人学級」を求めました。文部科学省の要求が小中学校の三〇人学級でした。保護者、教職員、市民たちには二〇人学級の声がつよくありました。「小学校三五人学級」で幕が閉じるどころか、これからが小中学校の三〇人学級、さらにその先をめざす幕開けということになります。

三　コロナ・パンデミックのなかで

今回の転換を促したものは、新型コロナの感染拡大でした。感染症の一面として、人間社会に変容をせまり、歴史の流れを促進するという面が指摘されますが、今回それを目の当たりにしました。

一つは、感染拡大防止のための身体的距離です。「二メートル、最低でも一メートル」というのが政府の方針で、スーパーのレジ前などでも実施されました。社会全体がそういう生活に入っているのに、子どもたちが発言も食事もする教室は四〇人のままのすし詰めというのは矛盾です。国の資料でも二メートルの確保には二〇人学級、一メートルの確保で三〇人学級です。多くの保護者たちが「一刻も早く二〇人程度の学級にしてほしい」と声をあげたことは当然のことでした。

今一つは、感染拡大のなかで学校をめぐる深刻な混乱がおき、そのことで逆に世論が高まったことです。

安倍首相（当時）は三ヵ月間の一律休校を強行し、その混乱は保護者たちに学校の役割をあらためて痛感させることになりました。文科省の方針もあり、学校は大量の自習用プリントを家庭に配布します。しかしそれは大不評でした。勉強は、教員と子どもたちが「ああでもないこうでもない」とやりとりするなかで身につくということが身にしみてわかった保護者も多かったと思います。保護者の学校への関心がいっきに高まりました。しかも、休校のダメージを受けた子どもにていねいに対応するため、クラスを二つに分ける「分散登校」が行われました。全国で二〇人以下の学級を実験したようなものです。それがとても評判がよく、少人数学級を支持する国民的な流れをつくりました。この動きも、もとをただすと、新型コロナウイルスの影響です。

同時に、ウイルスはあくまで促進の役割にすぎません。長年、少人数学級をあきらめなかった人々の奮闘があったからこそ、今の局面が生まれたことは確かなことです。今回の各地の運動も、そうした人々が草の根で支えたといえます。声を上げれば政治は変わります。大事なことは「仕方ない」と諦めないことです。

日本共産党も、少人数学級がなかなかすすまない時期に、諦めずに少人数学級についての「提案」を幾度も出し、国会で迫り続けました。それがコロナ下の「緊急提言」での「子どもたちに少人数学級を」に生きました。間髪を入れずに、志位和夫委員長が衆院予算委員会（六月一〇日）で当時の安倍首相に問題提起したことも、党首の行動としてインパクトのあるものでした。政党として国民の願いを代弁する役割を果たせたことはうれしいことです。

2　国民的課題としての少人数学級の切実さ

本格的な少人数学級がなぜ今、切実な国民的課題なのか。そこには公教育における感染症対策、そして子どもたちの格差とストレスのかつてない広がりという切実な問題があります。

一　感染症対策

現時点（二〇二一年一月）で新型コロナウイルスの感染拡大は容易ならざる事態で、私たちは救える命が救えない、懸命に働く医療従事者の心が燃え尽きかねない医療崩壊に直面しています。ワクチン接種が始まりつつあることは希望ですが、すり抜ける変異株の可能性などから楽観はできません。[注7]世界はしばらくの期間、新型コロナウイルスに対応する必要がありそうです。

「三密」を避ける必要

日本の感染症研究者たちが提案した「三密」対策は、ウイルスの特徴をとらえた重要な対応です。ところが、学校の教室は二〇人程度でなければ「三密」をクリアできません。なお「三密」はどれか一つクリアすればいいものではなく、「ゼロ密」が望ましいものです（首相官邸HP「三つの密を避けるための手引き」）。

感染は、感染者の唾液《だえき》に含まれるウイルスが他人に移動することが基本です。

第一の密「密閉」の回避は、感染がエアロゾル感染（数メートル以上の範囲に感染する）により相当おきていることから重要です。教室の場合、これは適度な換気によってクリアできます。

第二の密「密集」は、少人数でも近い距離で集まることです。感染の多くは飛沫《ひまつ》感染であり、飛沫由来の接触感染です。ウイルスを含んだ飛沫が食べ物にとび、それを口に入れるなども含みます。飛沫は一・八メートルまで飛ぶことがわかっており、政府は二メートル（WHOは一・八メートル）の身体的距離を基準としています（最低でも一メートル）。教室でこの二メートルをとるには二〇人以下でないと無理です。ある中学校の四〇人近い学級で隣り合う机の距離を測ってみたら、一七センチメートルしかありませんでした。

第三の密「密接」は、互いに手が届く距離（約二メートル）で会話や発声、運動などをすることです。呼気にも唾液は含まれています。「WHOは『五分間の会話は一回の咳と同じくらいの飛まつ（約三〇〇〇個）が飛ぶ』と報告しています」（同前、手引き）。教室は会話、発声をするところです。飛沫はマスクで相当抑えられますが、マスクの付け方や種類にもよります。給食のときマスクは外さざるをえません。「密集」の教室は「密接」を避けられません。

政府が「ゼロ密」を呼びかけているのに、その同じ政府が一二〇〇万人の児童・生徒が学ぶ教室では机間一七センチメートルの「密接」「密集」を続けることはおかしな話です。学校の教室でも「密接」「密集」を避けられるような少人数の教室に移行していくのが一番です。

長期的に感染症に強い学校をつくる必要

しかも、対策は長期的に取り組む必要がありそうです。

一つは、新型コロナウイルスへの対応が長期化する可能性です。今回のウイルスは、感染の半分が無症状感染者から伝播するという、これまでの呼吸気系感染症の「常識」を打ち破るものでした。自ら姿を消したSARSのような高い致死率でもありません。たいへん手ごわいウイルスであり、世界各国は封じ込めに失敗しました。

「ここまで来てしまったら、コロナは簡単に収まるはずがない。収まったと思っても、どこかに隠れているウイルスが、いつ顔を出すか分からない。今世紀も来世紀も、新型コロナウイルスは生き続けるほかはない」。（黒木登志夫『新型コロナの科学』二〇二〇年、中央公論新社）

点と点をつなげるように生き延びていくウイルス。一定期間の「ウィズ・コロナ」は避けられず、世界が「ニュー・ノーマル」に移行することは必須のことです。感染症に強い少人数学級は、その一環といえます。ちなみに欧米のほとんどが日本より広い教室で二十数人の教室です。[注8]

いま一つは、世界はこれからも、別の新たなウイルス感染にみまわれる可能性が高いことです。新自由主義は世界中で熱帯雨林の開発を加速させるなど、ウイルスが多く寄生している野生動物と人間との壁を薄くしています。しかも、多くの人々が世界中を高速で移動する時代です。エイズ、ＭＡＲＳ、ＳＡＲＳ、そして新型コロナウイルス……この一世紀足らずに野生動物由来のウイルス感染症が次々おこるようになったことは、人類とウイルスとの関係が新たな局面に入った可能性を示唆します。新型コロナウイルスを契機に、感染症に強く、人間に優しい社会をつくる道を選ぶべきなのです。学校をその例外にしてはいけません。

求めています。

二　子どもの学びの格差の広がりとストレスの継続

コロナ下の子どもたちの状況は、手厚く柔軟な教育、そのための本格的な少人数学級を強く

学びの格差の拡大

一つは、学びの格差の拡大です。

この格差は、安倍首相（当時）が強行した三ヵ月もの全国一律休校がつくりだしたものです。三ヵ月の休校期間、学校は膨大なプリントを子どもの家に届け続けました。それで勉強せよということです。しかし、配られたプリントを自分だけでできれば学校はいりません。先生や友だちとやりとりをしながら学んでこそ勉強は身につきます。結局、家庭で一緒に勉強を支える人がいるかいないか、その子が一人でなんとかがんばれるかどうかなどによって、今までなかったような格差がうまれました。

問題は、学校再開後、その格差が拡大していることです。六月一日からの分散登校で落ち着いたのは僅かな期間でした。通常授業に戻るや、各地で「遅れをとりもどせ」とスピード授業が横行します。これは、一律休校でつまずいた子どもに大変つらいことで、不登校の増加の一

因にもなっています。期末テストの平均点が例年にくらべ大きく下がって話題になっている中学校もあるといいます。一人ひとりの子どものつまずきを取り除きながらゆっくりと柔軟に学んでいく必要があった時期に、逆をおこなったことはきわめて深刻なことです。

子ども一人ひとり、とくにつまずいて勉強ができなくさせられている子どもに、手厚い教育が必要です。そのための特別な手立てが取れるよう、不要不急の業務や授業時数を調整し教員にそれができる時間を保障するとともに、教職員をふやすことが求められています。

子どもたちのストレス反応の強さ

コロナで友だちと遊べない、外で自由に体が動かせないなど、子ども期の成長に欠かせない生活が、時に過剰に制限されてきました。これらは強いストレスを子どもにあたえています。国立成育医療研究センターは「コロナ×こどもアンケート」を行い社会に発信するという、たいへん貴重なとりくみを続けています。その第一回調査を、私たちは「提言」で使わせていただきましたが、その後、第二回、第三回と調査発表が重ねられています。

第一回調査報告書（二〇二〇年六月二二日、中間報告は五月）は、「全体の七五パーセントに、何らかのストレス反応・症状がみられた」というものでした。

第二回調査報告書（同八月一八日、修正九月七日）は、何らかのストレス反応・症状がみられた子どもは七二パーセントで、基本的な変化はみられませんでした。

第三回調査報告書（同一二月一日）でも何らかのストレス反応・症状がみられた子どもは七三パーセントで変化はみられません。同報告書は「回答者集団が前回までの調査と同一でないため単純に比較することはできませんが、こどもたちのストレス反応に明らかな改善は見られませんでした」とまとめています。

第三回調査のストレス反応の内容は次のようなものです。

小学生以上の子どもで、「コロナのことを考えると　嫌な気持ちになる」が四一パーセント、「すぐにイライラする」が三〇パーセント、「最近　集中できない」は二六パーセントです。「なかなか　寝付けなかったり、夜中に　何度も　目が覚めたりする」「嫌（いや）な夢をよくみる」などがつづき、「だれかと　いっしょにいても、自分は　ひとりぼっちだと　感じる」は数パーセントから十数パーセント（学齢による四グループそれぞれの結果のみ公表）、「自分のからだを傷つけたり、家族やペットに暴力をふるうこと（たたく・けるなど）がある」という子どもも数パーセント（同上）います。

生活面では寝る時間がコロナ前より一時間以上遅くなった子どもが二割近くいます。暮らし向きについて二〇二〇年一月時点と比較して「今のほうが苦しい」と回答した保護者は二五パーセントにのぼりました。

注目すべきは、「さいきん一週間、学校に行きたくないことがありましたか?」の質問に「ときどき」が一九パーセント、「いつも」「たいてい」が合わせて一一パーセントあったこととです。報告書は次のように訴えています。

「学校に行きたくないと感じているこどもの割合が約三割にのぼっていることを、どのように受け止めたらよいのでしょうか。学校に行きたくない理由について、今回の調査では直接尋ねていませんが、自由記載などから少し垣間見ることができます。コロナによって変化を余儀なくされた学校生活（マスクなどの感染対策、勉強負荷増大、行事の縮小など）への不満や失望、学校での集団生活における感染リスクの心配などです。みんなが納得・安心できる方法を見つけることは不可能かもしれませんが、すべてのこどもたちは、その意見や気持ちを尊重される権利があり、私たちおとなはこれを守る責務があります。アンケートに回答してくれたこどもたちからの『おとなたちへのおねがい・アドバイス』には、そのヒントがたくさん詰まっています」

自由記述欄には次のような子どもの記述があります。「学校で楽しいことをしていても、先生がコロナのことばかり言って台無しになる。学校の行事もほとんど中止されたのに、他のことは何もやってくれない。辛いのに、学校はいい子になることばかり要求してくる。いい子を装うのがいやだ。もっと本当の自分を出したい。唯一安心できるのは、家にいる時と友達としゃべっている時だけだ。学校が変わってほしいのに、自分でもどこが変わってほしいのかよく分からない」（小学五年生、女児）。

そして、「おとなたちへのおねがい・アドバイス」には、自分たちの話を親身になって聞いてほしいという願いが多く寄せられています。

感染症との対応は長期に続きます。そのなかで子どもの話を聞いて応答し、子どもの声や提案を生かし、子どもが通いたくなるような学校にしていきたいものです。

学びでもストレスや悩みのことでも、子ども一人ひとりと丁寧にかかわることが今まで以上に求められています。また、将来ともに丁寧な関わりが続けられれば、すばらしいことです。そして少人数学級はそのための魅力的な教育条件です。そのことを、節をあらためて述べたいと思います。

3　子どもの尊厳、多様性を支えるための基礎的な教育条件

一　少人数学級は教育に新しい可能性を与える

多人数学級より少人数学級がいいに決まっている。誰しも思うことです。少しジャンルが違

いますが、英会話教室で大人数か数人かといわれれば、迷わず数人のコースを選ぶでしょう。分散登校で一時的に全国の学級が二〇人以下の少人数になったとき、学校現場では「こんなに違うのか」と衝撃が広がりました。「分散登校をしていた頃の学校では、子どもたちは非常に落ち着いて学習が出来ていましたし、登校をしぶっていた児童も安心した表情で学校生活を送ってました。教員の誰もがこの人数（定員の半分　二〇名）なら世界のどこの国にも負けない高い水準の教育が出来ると実感しました（東京　教員）」（前出、院内集会資料）。

多人数学級と少人数学級の違いを考えていくと、「教員一人がていねいに見ることのできる子どもの数には限界がある」というシンプルな生理的事実にいきつきます。

教育というものは、人間と人間との関係のなかではじめて成立します。一律休校のとき一人でプリントにむかうのが虚しかった如《ごと》しです。少人数学級は教員が子ども一人ひとりをていねいに理解しケアすることを可能にします。逆に多人数では子ども一人ひとりが見えてきません。それは子どもの教育にとって量の問題ではなく、質の問題です。

授業が大きく変わる可能性

四〇人近い授業は、理解していない子どもがいても先に進む、よくいう「真ん中」に合わせた授業になりがちです。子どもが大勢だと一人ひとりがどう理解しているかは教員にはわかりません。ある教員はそのあたりのことをこう述べています。「子どもたちは学習が分からなくても〝勝手に進む授業〟に気が付きます。四〇人もいると『傍観』していても『出来る子』だけで授業は進み、主体的に取り組めない子どもの自己肯定感は下がり学習への意欲は失われやすくなります（東京　教員）」（同前）。

また、少人数学級は大人数ではできない様々な教授方法もとることができます。「一斉講義形式で説明を聞かせるだけなら五〇人でも問題ないでしょうが、制作をさせる、話し合いをさせるなど体験的な活動を入れ、生徒の理解度をあげようと思えば、三〇人が限界です。子どもたちの学力が上がらないのは子どものせいではなく、学校が子どもの学ぼうとする気持ちを諦めさせているからです（大阪　教員）」（同前）。

本格的な少人数学級は、授業の形を変える威力を秘めているといえます。

落ち着いた居心地のいい人間関係

少人数だと子どもの雰囲気が落ち着くことを多くの教員が実感しています。「少人数のほうがよいというのは、間違いなく子どもたちの目で分かります。二五人前後のクラスでは、子どもたちは十分自分のことは気にかけてもらっていると自覚できるので、授業中も安心して発言します。しかし、三五人くらいになってきますと、子どもたちの授業中の目が違うのが分かります。教師が発言するよう促しても子どもたちは自ら発言するのを躊躇《ためら》うようになり、自信がなさそうで、他人事になります（神奈川　教員）」（同前）。

また、四〇人近いと教員は、整列させたり、指示や説明を徹底するため大声で号令をかけざるをえません。少人数だと、一人ひとりに普通の声をかけコミュニケーションをとることができます。一人ひとりの表情がわかり（大人数だとそれが困難）、何かいつもと違う様子にも気づきます。子どもを規則で管理する必要が減り、教育の可能性も広がります。

少人数学級が不登校の子どもにもいい影響を与えることは、「三三人学級」を先行実施してきた山形県などでの調査研究があります。分散登校のときも各地で〝不登校の子どもが教室に顔を出した〟という経験が聞かれました（その後、一斉登校に戻ると顔を出さなくなった）。ある教員は「大人数だと教室に入れず行き場を失って不登校になる子どもも多くいる」といいます。四〇人近い人数だと騒がしい群衆でも、二〇人くらいになるとお互いのことをそれなりにわかりあえる親密な関係となりえます。少人数学級は、子どもの成長に大切な人間関係を豊かにする条件となります。

インクルーシブ教育への期待

一人ひとりの個性をみることは、障害のある子どもを育てる上で特に大切です。それだけに、少人数学級は障害のある子どもの教育の条件として期待されます。

「私の息子は発達障害です。現在は支援級に在籍しながら、原級の授業にも参加してます。

そんな息子は初めての事に対して不安感が強く、『みんなと一緒に、同じタイミングで行動する』というのは難しく、初めは見学したりして、不安感を取り除いて、徐々に徐々にいろんな事に参加しています。（中略）現状では支援級に在籍しながら、原級参加がベストだと思います。しかし、正直な気持ちはインクルーシブ教育[注9]が出来たならって思います。でも、小人数学級にでもならないと先生の目が届かなかったり、負担が大きくなり、結果息子に辛い負担が掛かるのが目に見えてます。インクルーシブ教育への第一歩は小人数学級だと思います。是非実現して下さい（長野　保護者）」（同前）。

一人ひとりと丁寧に接することのできる本格的な少人数学級は、日本の教育に新しい可能性をうみだすでしょう。

二　個人の尊厳、多様性の尊重の時代にあった少人数学級

多様な子ども一人ひとりの個性を理解してそれを支えるというのは、教育の理想そのものです。少人数学級を求めている人々も、その一人ひとりを支える点に強く期待しています。

「時代は個人のそれぞれの特徴を生かしたものをほしがっている。現在の四〇人学級では

全体としての指導はできるが、個人に対してその能力を伸ばすのには適していない。それぞれの思いをくみ取り、意欲を伸ばしていくには一人当たりの発言の時間や個別対応できる時間を増やせる少人数にせざるをえない（愛知　教員）」（同前）。

「このタグいいね！子供たちの学びの多様性に応えられる教育を可能にするために、少人数学級は重要な第一歩だと思う。／それぞれの子を『子供』という塊・集合体として教育するんじゃなく／A君、Bさん、Cちゃんそれぞれの成長を支える教育であってほしい」（保護者　志位委員長のツイート「#少人数学級」へのツイート）。

こうした声に思うことは、少人数学級の動きは教育の孤立した動きではなく、多様な個人を尊重しようという時代全体と響き合っているということです。

世界でも日本でも、人間の尊厳をおとしめられた個人が声をあげ、市民たちが連帯して立ち上がる、そんなたたかいが大河のように続いています。例えば、ＬＧＢＴなどセクシュアル・マイノリティーの人々への偏見と差別を許さない運動は、日本でも人々の意識とともに学校、結婚、職場などの社会の制度やあり方を変えつつあります。セクシュアル・ハラスメントや性的暴行の被害者が勇気をもって被害を告発する運動も、社会を変えてきました。その合言葉〝#ＭｅＴｏｏ〟（「私もだ」）が、さまざまな市民運動の合言葉にもなっていったことに時代を感じます。安保法制反対の歴史的な運動も、国会前に個人一人ひとりが参加する形がメインで、学生、研究者が強く意識していたのは立憲主義とは何か、その根底にある個人の尊厳の問題でした。古い制度や考え方、そして際限のない格差と分断を生み出す新自由主義に抗しながら、基本的人権をあらゆる個人にリアルに及ぼそうという時代に私たちは生きています。

「どんな子どもにも学び成長する固有の権利がある。だから、その権利にふさわしく、多様な一人ひとりを理解して支える条件をつくってよ！」というのが、今日の少人数学級の運動を支えている時代の精神ではないでしょうか。

少人数学級は、個人の尊厳、多様性の尊重の時代にふさわしい新しい教育を支える重要な教育条件にほかなりません。

大正自由教育は少人数学級だった

閑話休題。すこし歴史の道草を。

近代教育思想をになった思想家たちは、先駆的に子どもの権利を主張しましたが、教育の形態は親あるいは家庭教師による個人教育を理想としました。たとえばジャン・ジャック・ルソーの『エミール』は、エミールという一人の子どもを赤ん坊から大人になるまでルソーが預かって教育する物語です。そうした「理想」は当時の時代の制約によるものですが、人間が人間になるための教育にはこまやかな人格的なふれあいが必要であるという点は、今日に引き継がれるべきものでしょう。

現実の近代公教育は個人授業ではなく、むしろ多人数授業からはじめられました。庶民の子ども全員に家庭教師というのは空想の世界でしか成り立ちません。一八世紀に一世を風靡《ふうび》したイギリスのモニトリアル・システムは、一人の教師で一度に大量の子どもに3R（読み・書き・計算）を教えるという、工場のような学校でした。近代公教育は、思想家たちの理想とは裏腹に、多くの労働者の子どもを対象とした一斉授業という新たな形態をとります。

しかし、大規模な一斉授業では、教育者と教え子との人格的な交流は想定されず、多くの困難や矛盾をはらみます。それを、さまざまな利害を背景にしつつも、子どもの個性に応じた教育を探ろうとしたのが、近代以降の教育の流れの一面ではないかと思います。少人数学級化もその中に位置づけられる事柄でしょう。

日本の近現代で少人数学級をまとまった形で提起したのは、大正デモクラシーの時代におこった大正自由教育です。それは比較的裕福な都市住民の子どもが通う私立学校でしたが、少人数学級を実施して自由で個性的な教育を展開しました。

その一人、澤柳政太郎（文部官僚、成城小学校校長などを歴任）は、「学級を編成するうえで『各児童生徒の個性』を重視せねばならないため、『通常なる教師にして指導の特性を区別し得る程度に於て学級を定むる』ことを、学級規模を定める原則と考え」ました。そして「従来自分の知り得たる所に拠《よ》れば一学級は二十五人乃至《ないし》三十五人を以《も》って組織するのが、即ちこの原則に適《かな》ふ」とします。[注10]

あるいは、短命で終わりますが池袋児童の村小学校は「一学級一〇人が理想」としつつ、二〇人でスタートしました。ちなみに、当時の公立学校は、尋常小学校が七〇人学級、高等小学校は六〇人学級、現在とはちがってエリート養成機関だった中学校で五〇人学級でした。

4　世界では二〇人台が当たり前

では世界の学級編制はどうなっているでしょうか。

ＯＥＣＤ（経済協力開発機構）諸国では、発達した資本主義国を中心に一学級二〇～三〇人が主流で、三五人学級というのもまずありません。ましてや四〇人というのは考えられない多さです。

たとえばアメリカは州によって違いますが、フロリダ州では第一～三学年で一八人、第四～八学年で二二人、第九～一二学年まで二五人です（文科省『諸外国の初等中等教育』二〇一六年、当該データは二〇〇九年）。イギリス（イングランド）は、小一～二のみ上限三〇人とし、後の学年の定めはありません。フィンランドでは地方分権から国基準がなくなりましたが、たいがい二五人以下といわれています。少し前までは韓国は日本以上の多人数学級でしたが教育改革で少人数学級に移行しました。

ＯＥＣＤ諸国の学級編制基準をみると日本のように多い国は、加盟したばかりのチリの四五人だけです。ちなみにＯＥＣＤ加盟国ではありませんが、中国も四五人です。

アメリカ――学級規模の効果の調査研究に先鞭

アメリカには、連邦政府が一九九〇年代まで学級規模を小さくする政策を推進した歴史があります。特筆すべきことは国家的な問題意識を背景にした学級規模の教育効果についての大規模な調査研究が行われたことです。

始まりは一九五七年の「スプートニク・ショック」です。公教育の改善による学力向上の必要性が、国家の問題意識となり、学級規模縮小が注目されました。そのなかで、有名なグラスとスミスの研究もうまれます（一九七八年）。それはデータをもとに学級規模と学業成績との間に相関関係があることを示し、とくに学級を二〇人以下にすると成績が顕著にあがるとしました。さらにグラスとスミスは一九七九年、学業成績だけでなく、子どもの情緒の安定度と教員の満足度でも少人数学級が優位であることを明らかにします。

一九八〇年代後半、史上もっとも重要な教育調査といわれるテネシー州の「スター・プロジェクト」（Student/Teacher Achievement Ratio Project）が立ち上げられます。同プロジェクトは、約六〇〇〇人の主に就学時前児童を小学校三年生まで、一三～一七人の少人数クラス、二二～二五人の普通クラス、普通クラスに補助教員を加えたクラスの三つのクラスに持続的に振り分け、その期間及びそれ以降の学力への効果を調べるという大規模な社会実験でした。さらに、特に貧困な一七の学区の全校で少人数学級を実施し、学習効果の改善を図る方策を探ろうともします。

ちょっと日本でやろうとしてもできない種類の実験ではありますが、結果は、少人数学級がもっとも優れ、効果はその後も持続し、特にマイノリティーの児童への好影響が顕著であるというものでした。[注11]

驚くのは当時、一三～一七人と二二～二五人の比較だったことです。日本では四〇人か三〇人かで争っている面がありますが、それはいずれも欧米では多人数のうちです。

フィンランドの少人数学級

少人数学級の条件をよく生かしている国の一つが、フィンランドです。二〇二〇年一〇月八日付「しんぶん赤旗」に「フィンランド教育に学んで」という投書が載りました（兵庫県・小川碧さん）。そこでは一五年前に、フィンランドへ教育視察に行ったときのことを次のように紹介しています。

「一番、驚いたのは一クラスが二五人ほどだったので教室が広く、その隅にソファがあったことです。授業中に心身が疲れたと感じた子はそこで休んでよいのです。次に一〇人ほどで算数の授業をしていて、聞くと残りの半数の子は別室で語学をやっていると。少人数をさらに分けてしっかり教えていました」。

そして「『わが国は人口が少ないから人間は資源』と、障害児も遅れがちな子も移民も難民も一人残らず大切にする国の姿勢に感動した」と結ばれています。

一言加えると、同国は近年、少人数学級を生かして本格的にインクルーシブ教育にとりくみ始めたようです。[注12]

5 少人数学級と政治の深い関係

欧米では二〇人台の学級が当たり前なのに、なぜ日本で四〇人学級を改めるのにこんなに苦労するのか。その源をたどっていくとまず見えてくるのが、教育予算の少なさです。

一　〝最低ランク〟の日本の教育予算

一国の教育予算の水準は、教育の公財政支出（政府と自治体の教育予算の合計）の対ＧＤＰ（国内総生産）比で表されます。ＯＥＣＤはそのデータを毎年公表していますが、日本は大変成績が悪く、直近のものでもＯＥＣＤ諸国で下から二番目、長い間ワーストグループから脱出できません。

他方、学級にいる子どもの多さでもワーストグループです。二つを並べると図表補2‐1のとおりです。全体の傾向として、教育予算が多い国は、少人数学級の国です。

ところでいま、教育界で話題になっている深刻な問題があります。「少人数学級にしようとしても教員が集められないのではないか？」という問題です。

本書でみてきたように、教員を二割も少なく雇い、上からの「教育改革」で無駄にしかみえない業務をつみあげ、教員の長時間労働はとまりません。残業代もゼロ。さらに消耗の大きな評価制度にさらされ専門家らしい自由と責任も享受できない。こうしたもとで、教員のなり手不足がいままでにない形で深く進行している可能性があります。実際、すでに各地で教員不足の声が聞かれます。

これもともとはといえば、教員数をケチった〝最低ランクの教育予算〟が一番の要因で、それ

図表補 2-1　日本は教育予算も学級規模もワースト

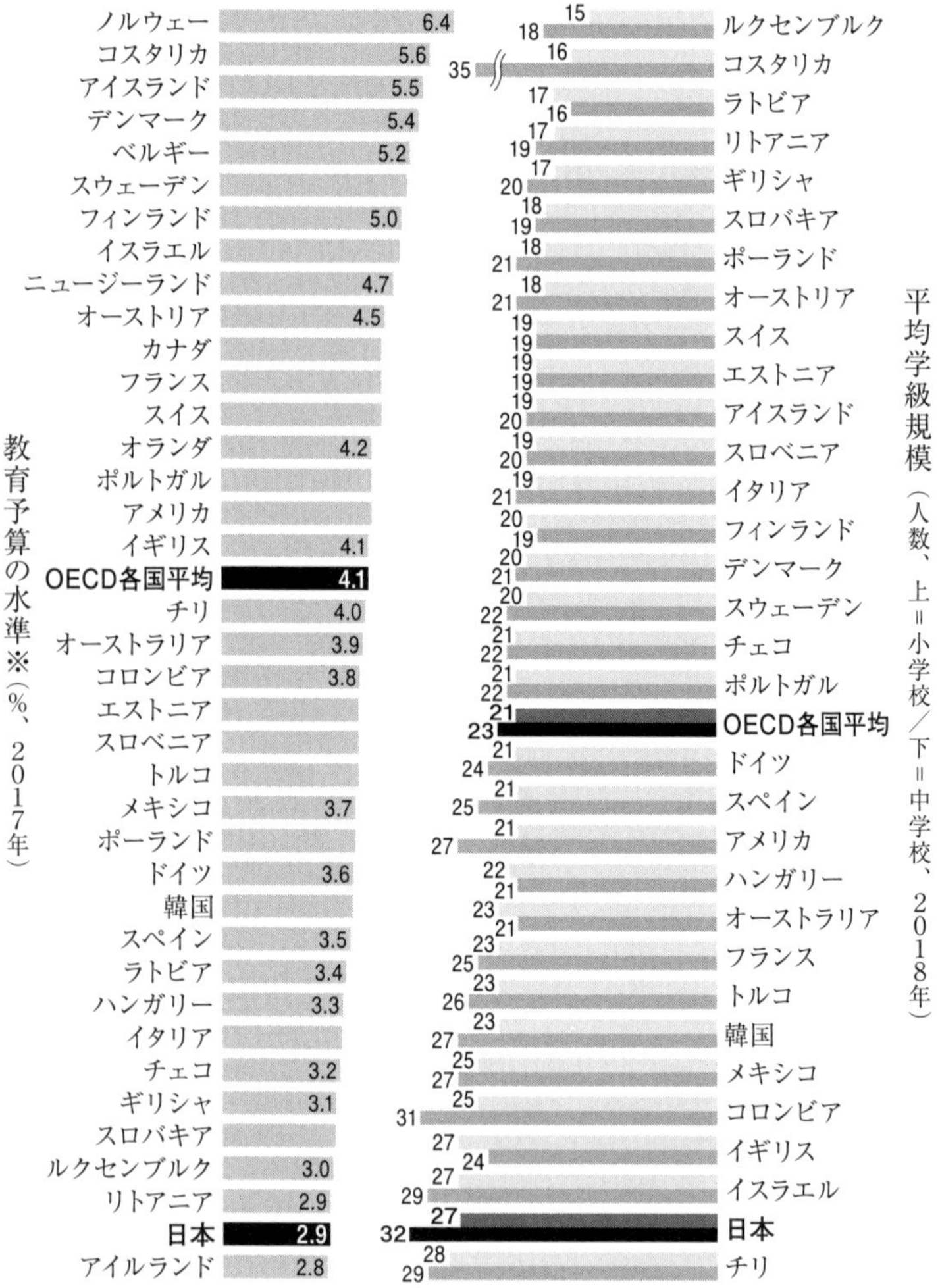
教育予算の水準※（%、2017年）
ノルウェー 6.4
コスタリカ 5.6
アイスランド 5.5
デンマーク 5.4
ベルギー 5.2
スウェーデン
フィンランド 5.0
イスラエル
ニュージーランド 4.7
オーストリア 4.5
カナダ
フランス
スイス
オランダ 4.2
ポルトガル
アメリカ
イギリス 4.1
OECD各国平均 4.1
チリ 4.0
オーストラリア 3.9
コロンビア 3.8
エストニア
スロベニア
トルコ
メキシコ 3.7
ポーランド
ドイツ 3.6
韓国
スペイン 3.5
ラトビア 3.4
ハンガリー 3.3
イタリア
チェコ 3.2
ギリシャ 3.1
スロバキア
ルクセンブルク 3.0
リトアニア 2.9
日本 2.9
アイルランド 2.8
平均学級規模（人数、上＝小学校／下＝中学校、2018年）
ルクセンブルク 15 18
コスタリカ 16 35
ラトビア 17 16
リトアニア 17 19
ギリシャ 17 20
スロバキア 18 19
ポーランド 18 21
オーストリア 18 21
スイス 19 19
エストニア 19 19
アイスランド 19 20
スロベニア 19 20
イタリア 19 21
フィンランド 20 19
デンマーク 20 21
スウェーデン 20 22
チェコ 21 22
ポルトガル 21 22
OECD各国平均 21 23
ドイツ 21 24
スペイン 21 25
アメリカ 21 27
ハンガリー 22 21
オーストラリア 23 21
フランス 23 25
トルコ 23 26
韓国 23 27
メキシコ 25 27
コロンビア 25 31
イギリス 27 24
イスラエル 27 29
日本 27 32
チリ 28 29

※教育公財政支出の対GDP比

（出典）OECD「図表で見る教育2020年版」をもとに作成

に教員の不要不急の業務を増やしてきた国や地方の行政の責任が連なっています。しかも教員不足の可能性を利用して、この際、教員養成の規制緩和で民間資本に短期・安価に「教員」を養成させてビジネスチャンスにしようという、「惨事便乗型資本主義」（ナオミ・クライン）のような計画まで検討されています。[注13]

解決の道は明瞭です。

〝最低ランクの教育予算〟を増やして、当面、OECD平均に接近させていくことです。それで普通の国並みのクラスサイズと教員の働き方を保障することができます。

当面、どれくらいの予算になるか小中学校で概算するとこうなります。

① 小中学校の三〇人学級化　九万人増
② 教員の異常な長時間労働の是正　九万人増
（②は第2章参照、教員を二割も少なく配置した過誤を元に戻す）

合計　一八万人増

一八万人の教員増には年一兆一一七〇億円の予算がかかります（教員人件費一人六五〇万円で計算。そのうち国が三分の一、地方が三分の二を負担）。

一八万人という人数は、教員の供給状況や年齢構成から考えて段階的に実施しなければならないでしょう。たとえば一〇年かけて実施したとします。一〇年後は子どもの数が今より減り、その分、教職員も減ります（自然減という）。その分を考慮し、一〇年後の完成時におおむね一兆円程度、国と地方の教育予算が増えるとしましょう。

そうすると教育予算の水準はどうなるのか。

今の対GDP比二・九パーセントは、三・一パーセントになります。現在の順位表に当てはめると、ワースト二位はワースト四位になります。このワースト四位をさらにOECD平均まで引き上げるには、五兆円ほどの教育予算を増やすことになります。高校の三〇人学級化、特別支援学級や特別支援学校の改善にとどまらず、大きな予算が必要な大学や専門学校の学費半減などが十分にまかなえます。

二　予算の少なさと日本の政治の歪み

では、〝最低ランクの教育予算〟を決めているのはどこかといえば、政治です。

予算だって政治だってどの国もだいたい同じ、ということはありません。さきほどの図表補2-1のとおり日本の二倍以上の水準の予算を教育に使っている国があります。そういう国はたいがい福祉にも多くの予算を使っています。「税金をどう集めどう使うか」こそ、その国の政治の姿であり、その国民の暮らしぶりに直結します。新型コロナによる医療崩壊も、保健所の体制を大幅に削り、公的病院を減らしてきた予算と直結していたように。

ところで、自民党から共産党まですべての政党が、日本の教育予算の水準をOECD平均に引き上げることに賛成していることをご存知でしょうか。「SDG4教育キャンペーン202

0」がとりくんだ政党アンケートの「質問1：教育予算について：国や自治体の教育予算をOECD平均並みに増やすべきだ」に、自民・公明・立憲・国民・共産・維新・社民の七つの政党が「賛成」と答えたのです。[注14]

ところが、それでも変わりそうもありません。政治通からは「予算なんて、そんな簡単に変えられるものではない」という声も聞こえてきそうです。

そう、たしかに簡単には変えられないのです。しかし、変えられないのではないことを確認しておきましょう。

簡単には変えられないのは、今の予算の枠組みにしがみついている強大な権力があるからです。その権力は自分たちに好ましい予算のあり方を変えられることを望みません。自民党や公明党（のおそらく政策担当者）が市民団体のアンケートに「OECD平均並みに増やすことに賛成」とこたえても、権力の本体は歯牙《しが》にもかけないでしょう。

図表補 2-2　防衛費と文教科学費の変化

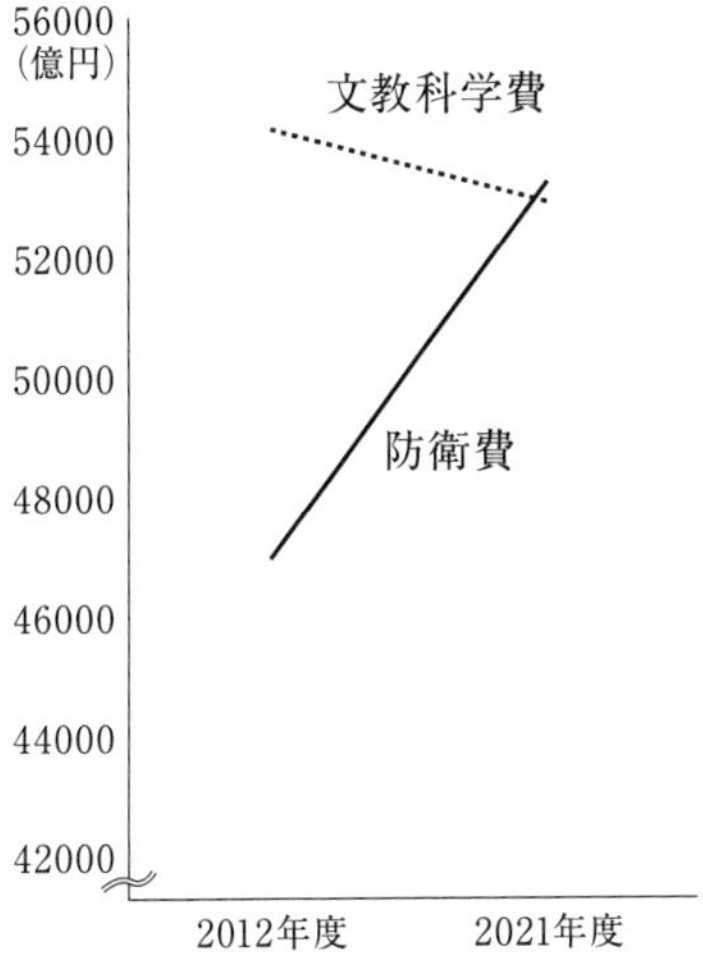

※当初予算で比較（作成は著者）

防衛費は六〇〇〇億円も増えている

逆に、自分たちの志向に合致すれば予算

をためらわず変えます。その例を二つあげたいと思います。

一つは第二次安倍政権のもとでの防衛費の伸びです。

図表補2-2のように、二〇一二年度から二〇二一年度へ防衛費は六一〇〇億円も増え、文教科学予算を追い越しました。

この増額の大きな要因は、安倍政権がトランプ政権のいいなりにアメリカの軍事兵器を「爆買い」したことにあります。その中身は、「F35を一〇〇機以上も買って、いったい何をするのか。目的が全く見えない」（元航空自衛隊幹部）と関係者も首をかしげるものでした。F35は一機一一六億円、維持費も高く運用三〇年で三〇七億円かかります。未解決の欠陥が九六六件もあることも知られていました（二〇一九年二月一五日、宮本徹衆議院議員の予算委員会質問）。しかも、積算根拠も示されない「言い値」での買い物です。さらに防衛費には米軍への「思いやり予算」も含まれ、米軍基地内の学校は小学校一～三年の一クラスあたりの定員は一八人、小学校四年～中学生までは二四人、しかも教室の面積基準も七九平方メートルで、六三～六四平方メートルとされる日本の平均的な教室より広くなっています（しんぶん赤旗二〇二〇年八月一三日付）。

他の先進国ではこうした兵器の「爆買い」や「米軍思いやり予算」はありません。私たちの日本には、他に例がないような「アメリカへの従属」という、自公政治が抜け出せない「政治の歪み」があります。

大企業・大資産家を優遇し、予算に数兆円の穴をあけている

二つ目の例は、大企業・大資産家への減税や優遇措置です。図表補2―3は日本共産党の試算で、国の予算に年七兆円余の穴をあけていることがわかります。

国民にとっては景気のいい話が少ないですが、大企業は史上空前の利益が続き、内部留保は四七五兆円にのぼり八年連続で過去最高を更新しました（二〇一九年度、財務省）。大資産家は株取引で莫大な収入を得ていますが、課税がわずかなため、年収一億円をこえると税率が下がるという驚きの事実もあります。元は国民の金を使って株を買い支え、実体経済以上に株価を高値で維持しているのも政府・日銀です。

しかし、ほんらい民主政体下の税金の理念は、富の再配分です。応能負担の原則で多く持っているものがより多く拠出し（累進課税）、集めたお金をつかって社会的基盤を整え、困っている国民を助け、全体としてすべての人々が安心して生きていけるようにする。その意味で、税金は社会連帯の行為というべきものです。日本はこの点で残念な弱点を抱えているのです。

ここまで大企業・大資産家にテコ入れをしている先進国は、他はアメリカくらいではないかと思います。なぜそうなっているのか。ここには「大企業・財界いいなり」という、自公政権が抜け出せないもう一つの「政治の歪み」があります。

図表補 2–3　大企業・富裕層優遇を是正し 7.5 兆円の財源確保

	財源規模	項目別の内訳	
1. 大企業優遇税制を是正し、中小企業並みの負担を求める	4.0兆円	研究開発減税の廃止	0.67兆円
		「賃上げ減税」の振り替え	0.38兆円
		その他大企業向け特別措置の縮減	0.3兆円
		受取配当益金不算入制度・外国子会社配当益金不算入制度の見直し	2兆円
		連結納税制度の廃止	0.66兆円
2. 富裕層優遇税制を是正する	3.1兆円	富裕層優遇の証券税制の見直し	1.2兆円
		最高税率の引き上げ・控除の見直し	1.9兆円
3.「思いやり」予算などの廃止	0.4兆円	米軍への「思いやり予算」など	0.22兆円
		米軍再編経費（辺野古基地など）	0.17兆円
合計	7.5兆円		

（出典）日本共産党「2019 参議院選挙公約　消費税に頼らない財源確保の概要」

三　個人の尊厳のための国をつくる

　さいごに、OECD平均でなく、トップクラスの国では、どんなことができるのか、教育予算の水準が日本より七割ほど多いフィンランド（五・〇、七位）を例にみておきましょう。

　教育条件の主なものは以下のとおりです。

○少人数学級　すでに紹介したとおり二十数人以下。

○保護者負担　給食費無償、ノートや鉛筆なども無償。

○教員の労働　三時頃には学校を出る。夏は六四日休暇。
○学費　大学、専門学校すべて無料。
○奨学金　ほとんどの若者に返済不要の奨学金。平均月六万三五〇〇円。

これが、フィンランドの教育の基礎的条件です。付言すれば、高校受験が基本的にない、校則がない、大学もあくせく競争して入るようにしない、政治が教育に乱暴に介入しないなどの教育のあり方にかかわる条件も日本とはずいぶん違います。

これが同じ資本主義なのかと首をかしげたくなるような違いです。[注15]それは、学校教育にとどまりません。子育て関係の他の指標をあげれば次のとおりです。

○出産　妊娠中に自治体から段ボール箱いっぱいの三万円分の育児用品がとどく。
○保育園　申し込めば必ず全員に保育園を保障。申し込みを忘れても、就労などの事情があれば二週間以内に保障。三歳までの子どもを自宅で育てれば、保育料として日本円にして月約三万七〇〇〇円支給。
○子どもの貧困率　五・三パーセント（日本　一六・三パーセント）

国民は休暇もたっぷりとり（夏に六週など）、労働時間も短く、朝は早く始まりますが夕方四時か五時には家族全員がそろうのが当たり前です。老後の生活も年金などが充実しているので、老後の蓄えをしないと心配ということもありません。

要するにこの国は、国際人権規約や子どもの権利条約などでさだめられている基本的人権（生存権、教育権、余暇や休暇の権利、意見表明権などなど）を保障し、人間の尊厳の尊重に優先的な価値をおいているように思えます。

むろん、そのための基盤整備には大きな予算、すなわち大きな税収が必要です。日本に比べ企業の税負担率は高く、国民への累進課税（所得税、住民税）も低くありません。そして消費税率は二四パーセントです（食料品などは一四パーセント、本などは一〇パーセント）。それでも、暮らしている庶民にとって「払った以上に返ってくる」ならば文句はないということだと思います。

「予算なんて、そんな簡単に変えられるものではない」――そうです。予算は権力が深く絡んでいる「政治」に根があるから、簡単には変えられないのです。そこで仕方ないとあきらめるか、自分（たち）でできる政治を変える圧力をかけながら予算を変えていくのか。私はあきらめでなく、努力を選択したいと思います。

日本でも「政治」は変わろうとしています。市民と野党の共闘が成長し、自公政権に代わる連合政権をつくる努力がつみ重ねられています。それは本書で述べた、教員の長時間労働の是正や少人数学級などを実現し、豊かな教育を日本に築く現実的な希望です。

注1　二〇二〇年一二月一七日、予算折衝における萩生田光一文部科学大臣と麻生太郎財務大臣の合意。現在、小一のみが三五人学級で、小二は法に基づかずに政府の加配定数をつかって事実上三五人学級編制としている。それを義務教育標準法を改正し二〇二一年度から二〇二五年度まで、小二から順次学年を拡大し、小学校全学年で三五人学級を実施するもの。その際、小学校二年の三五人学級に使われている加配定数は法律に基づく基礎定数に横滑りする。ただし、法改正を行うので横滑り以上に七〇〇人ほどの基礎定数が増える。これは法改正すれば、学級担任分＋アルファの定員が自動的につくことによる（義務標準法の「乗ずる数」）。

注2　ネット署名に応じた保護者、教職員、市民らの多彩な声がA4・一二ページにわたり収録されている。

注3　「政府は、（中略）公立の小学校（義務教育学校の前期課程を含む。附則第五項において同じ。）の第二学年から第六学年まで及び中学校（義務教育学校の後期課程及び中等教育学校の前期課程を含む。）に係る学級編制の標準を順次に改定することその他の措置を講ずることについて検討を行い、その結果に基づいて法制上の措置その他の必要な措置を講ずるものとする」（公立義務教育諸学校の学級編制及び教職員定数の標準に関する法律の一部を改正する法律、二〇一一年四月二二日）。

注4　予算措置で行うことと法律で行うこととの差は次の通り。予算措置によるものは、毎年度の予算折衝で決まる加配定数を活用する。そのため厳密にいえば来年どうなるかは政府次第であ

る。法律（義務教育標準法）によるものは、法律に基づいて自動的に予算措置されるので安定している。かつ、法律は法律上の学級数プラスアルファの定数をつけることを義務付けているので予算措置による時以上に教員が確保できる。

注5　藤森、「少人数学級――財務省のブラック・エビデンス論を批判する」、『前衛』二〇二一年一月号参照。

注6　一律休校（二〇二〇年三月二日～五月末）は必要のない非科学的な施策だった。「子どもは感染拡大のドライビングフォースになっていない」（新型コロナ感染症専門家会議）からで、子どもが感染爆発を引き起こすインフルエンザと決定的に違う。一律休校は、〝お金をかけずに目立ったことを〟という首相官邸の思いつきで行われ、膨大な数の子どもの成長・発達を脅威にさらし、子どもと家庭に不要な緊張と収入減を強いた。「国民へのアナウンス効果はあった」という議論があるが、子どもと家庭を犠牲にしてアナウンスする政府は異常というほかない。一律休校の初日、全国の新規感染者数は一八人だった。日本政府と対照的な対処の仕方に、米国疾病予防管理センター（CDC）のガイダンス類がある。初期のものは、中曽根平和研究のホームページに翻訳あり。ひと言でいえば雲泥の差がある。一読をすすめたい。

注7　ウイルスが変異すれば、ワクチンの効果が変わる可能性が問題となる。国立感染研の脇田隆字所長は、感染が多ければウイルスの変種の可能性も増し、そこからワクチンの免疫が効かないウイルスが生まれることを見ておく必要があると次のように述べている。「あまりにも感染者が増えてしまうと、ワクチンを打って集団免疫を作ったとしても、そこから逃れるウイルスが出現する確率を上げてしまうことにもなるので、そういった懸念はあります」（『Business

Insider』二〇二一年四月)。

注8　文部科学省資料、教育再生実行会議初等中等教育ワーキンググループ（二〇二〇年一〇月二一日)。

注9　インクルーシブは「全てを含んだ」の意。一九九四年のサラマンカ宣言で提起された考え方。それまでの、健常者中心の環境に障害のある人々を受け入れるという「統合」の考え方を乗り越え、コミュニティー、社会そのものを多様な人々が共生する場ととらえる。教育では、通常の教育の場のあり方を変え、障害のある子どもを含む様々な特別ニーズをもつすべての子どもを包みこんだ教育のあり方を追求しようとするもの。

注10　志村廣明「大正自由教育における少人数学級と学校規模」、桑原敏明編『学級編制に関する総合的研究』（二〇〇二年、多賀出版）収録。大正自由教育の記述は同論文による。

注11　スター・プロジェクトについては、八尾坂修「アメリカにおける学級編制縮小をめぐる研究開発と成果」（同上収録）による。

注12　地下智隆ブログ「〝他者を尊重する心〟を育むフィンランドのインクルーシブ教育」から。二〇一九年にフィンランドで教員体験をした地下氏の発信は同時代のものとして興味深い。https://educationxfinland.hatenablo g.com/2019/04/19/　フィンランドの教育を通して日本の教育を見つ？_ga=2.116544194.595758 139.1559569233-1366744058.1546331368

注13　規制改革会議　雇用・人づくりワーキング・グループ 第一回会議（二〇二〇年一〇月一二日）は以下を検討課題に上げた。「デジタル化時代に対応できる人材育成のために、教員の資格要件や雇用制度の整理・見直しを通じた教員人材の確保・多様化やカリキュラムを始めとした

人材育成環境整備について議論する」。
注14 http://www.jnne.org/sdg2020/questionnaire.html
注15 この違いに興味をもった筆者は北欧などを素材に一定の調べ物をして、教育に「まともなルール」がある国とない国の違いとして整理した。『教育の新しい探究』、「子育てしやすい国、しにくい国」、『前衛』二〇一六年七月号、参照。

主な参考文献

厚生労働省労働基準局『増補版　労働基準法　上』二〇〇三年、労務行政
連合総合生活開発研究所『とりもどせ！　教職員の「生活時間」　日本における教職員の働き方・労働時間の実態に関する研究委員会報告書』二〇一六年
文部科学省「教員勤務実態調査」（二〇一六年度）
東京大学『教員勤務実態調査報告書（小・中学校）』二〇〇七年
E・H・エリクソン『幼児期と社会』一九七七年、みすず書房
佐藤三樹太郎「新しい法律と学校経営」、『学校経営』一九五八年六～八月号、第一法規
佐藤三樹太郎『学級規模と教職員定数』一九六五年、第一法規
加除式『教育法令コンメンタール』第一法規
神谷拓『運動部活動の教育学入門』二〇一五年、大修館書店
文部省初等中等教育局内教員給与研究会編著『教育職員の給与特別措置法解説』一九七一年、第一法規
萬井隆令「公立学校教師と労働時間制」、日本労働弁護団『季刊・労働者の権利』vol.３２２、二〇一七年
黒木登志夫『新型コロナの科学』二〇二〇年、中公新書
国立成育医療研究センター「コロナ×こどもアンケート」第一回～第三回報告書、二〇二〇年

柳治男『〈学級〉の歴史学』二〇〇五年、講談社
桑原敏明編『学級編制に関する総合的研究』二〇〇二年、多賀出版
少人数学級化をめざす研究者有志「少人数学級と豊かな学校生活を求める院内集会　配布資料」
（二〇二〇年九月一七日）

《資料》赤旗掲載論文「教員の超勤制度をめぐる統一要求について」（第4章、一六六ページ参照）

《政府・自民党の意図》

九月二十九日、文部省は①教員は「専門職」であり、超勤手当は支払わない②そのため教員は労働基準法（三十六条、三十七条）の適用から除外する③そのかわりに本俸二号俸アップ分の財源を確保し、教員の本俸を一号俸（平均四パーセント）あげるほか、従来からの校長、教頭の管理職手当の増額に加えて、あらたに教務主任、学年主任などを「中間管理職」として管理手当を支給する、などを内容とする特別立法を、十一月に予定されている臨時国会に提出することについて、佐藤首相の了解をえたとつたえられます。（九月三十日付各紙）

いうまでもなくこの文部省案は、教育労働者と労働組合が長期にわたってたたかってきた超勤制度の確立の要求を基本的にふみにじり、わずかばかりの「給与改善」とひきかえに、無定量な長時間労働をおしつけ、いっそう苛酷な労働強化を強制しようとするものです。同時にそれは、あらたに「中間管理職」を設け、職務給の導入や一九七二年度を目途に賃金体系の抜本的改悪を準備していることにもしめされるように、教育労働者の中に差別賃金を拡大し、個別管理をつよめ、わが国の労働組合運動と民主運動の中で一定の重要な役割を果たしている教育労働者と労働組合の団結を破壊しようとするものです。

しかもみのがすことができないのは、政府・自民党のこうした策動が、家永問題や、憲法と教育基本法の教育理念を否定し教育内容のいっそうの軍国主義強化をはかる中教審の教育「改革構想」とけって無関係ではないということです。すなわち、戦前、戦後の歴史がしめしているように、教育内容の軍国主義化は、実際に教育にたずさわっている教員を無権利状態におき、反動勢力に忠実に奉仕させることと表裏一体のものなのです。事実、この「改革構想」そのもののなかに、今回の文部省案とまったく同じものが提起されています。

《教育労働者の統一要求》

すでに日教組は、九月に開かれた中央委員会で、あくまで超勤手当制度の確立を要求し、無定量な長時間労働をしいるいかなる案にも反対してたたかう方針を再確認しています。また、日高教も、十月二日の全国代表者会議で、超勤手当の獲得と労働基準法適用除外に反対する闘争をいっそう強める方針を決定しています。

しかし、軽視できないことは、こうした方針を基本的に支持する人びとのあいだからも、一方では教育労働には労働時間を測定できる部分とできない部分があるのではないかという疑問や、また超勤手当が支払われていない現実のもとで、二号俸アップならばいまよりもましではないかといった意見などが、数多く出されていることです。

したがって、いま教育労働者の団結をいちだんとつよめ、闘争を前進させるためには、超勤問題にかんする要求をいっそう具体的にあきらかにすることがきわめて重要になっています。なぜなら、もしこのような職場での意見を無視したり、そのままにしたりして、超勤制度の確立という基本的要求だけで闘争を進めようとするならば、反動勢力の分裂策動に乗ぜられる危険をみずからつくり出す結果となるからです。

現局面で広範な教育労働者を団結させる要求の基本はつぎのようなものでなければなりません。

それは第一に、労働基準法（三六条、三七条）の適用除外には断固反対し、超勤制度を確立して無定量な長時間労働を規制することです。そのため、超勤時間外におこなっている職員会議、クラブ指導、修学旅行、実習指導、事務時間、その他について、超勤手当をはっきり確立しなければなりません。

第二に、教育労働の特殊性と関連して、自主的研究など労働時間として測定することが、理論上はともかく、実態的に困難な時間外労働に見合うものとして当面、本俸の二号俸以上の引上げを要求することです。

第三に、管理職手当の増額と支給範囲の拡大、職務、職階給の導入に反対するとともに大幅賃上げと結びつけて等級間格差や校種別俸給表間格差の不当な拡大に反対するなど一致できる賃金体系の改善を積極的に要求することです。

《欺まん的宣伝の粉砕》

そして、以上のような要求にもとづいて闘争を前進させるためには、現在、政府、自民党の「教育は時間でおしはかれない」という欺まん的な宣伝を粉砕することが、特別重要になっています。そのためには、教育労働のもつ本質を正しく理解する必要があります。

一般的にいって、教員といえども資本主義社会のもとでは当然のことながら労働力を売って生活することを余儀なくされています。これはだれも否定することができない現実の姿です。しかし教員の労働は、その対象、目的にかんしては、他産業の労働者のように物を生産する労働と区別される独自的な性格、つまり、人間を対象とし、人間に働きかけるという特殊性をもっています。そこから、教員の超過労働の実態についてその時間を明確に測定できるものと、自主的研究など直ちに測定しがたい側面とがあります。

政府、自民党は、こうした教育労働の特殊性がもつ実態の一側面を逆手にとって、あたかも、教育労働者は労働力を売って生活をしているものでないかのように宣伝し、攻撃を加えているのです。また修正主義者も、教育活動の特殊性の側面のみを一面的にとらえ、教員の労働時間を授業時間に限定し、他の労働時間を定量化すべきでないとして、わが国の教員が欧州諸国と比べても、きわめて低い賃金と苛酷な労働強化をしいられ、自主的研究時間はもとより、日常の業務さえ自宅に持ち帰って処理せざるをえないような実態をまったく無視した主張をおこなっています。これは結果において政府、自民党の主張と同じものといわなければなりません。

したがって教育労働者と労働組合は、教育労働のもつ本質と性格を正しく理解し、政府、自民党の欺まん的宣伝を粉砕し広範な労働者の団結をかちとらなければなりません。

このような政府、自民党の教育労働者にたいする攻撃とのたたかいは、なによりもまず教育労働者の生活と権利をまもるたたかいであることはいうまでもありませんが、同時にそれは、軍国主義教育に反対し、民主的教育をまもる闘争発展の前提条件ともなるものです。

（小森）

赤旗一九七〇年一〇月九日付

藤森毅（ふじもり たけし）

1960年、東京生まれ。東京大学教育学部卒業（教育史教育哲学コース）。日本共産党文教委員会責任者。

著書に『教育の新しい探求』（2009年、新日本出版社）、『いじめ解決の政治学』（2013年、同前）、『教育委員会改革の展望』（2015年、同前）、『教育勅語を読んだことのないあなたへ』（2017年、共著、同前）など。

章扉の挿絵　岡本正和

教師増員論《きょうしぞういんろん》——学校超多忙化《がっこうちょうたぼうか》の源《みなもと》をさかのぼる

2021年4月20日　初　版

著　者　藤　森　　毅
発行者　田　所　　稔

郵便番号　151-0051　東京都渋谷区千駄ヶ谷4-25-6
発行所　株式会社　新日本出版社
電話　03（3423）8402（営業）
03（3423）9323（編集）
info@shinnihon-net.co.jp
www.shinnihon-net.co.jp
振替番号　00130-0-13681

印刷・製本　光陽メディア

落丁・乱丁がありましたらおとりかえいたします。

ISBN978-4-406-06590-0 C0037　Printed in Japan